AF597849

COCINA CASERA CHINA

SUZIE LEE

Fotografías de
Lizzie Mayson

70 recetas representativas de la gastronomía de Hong Kong

cincotintas

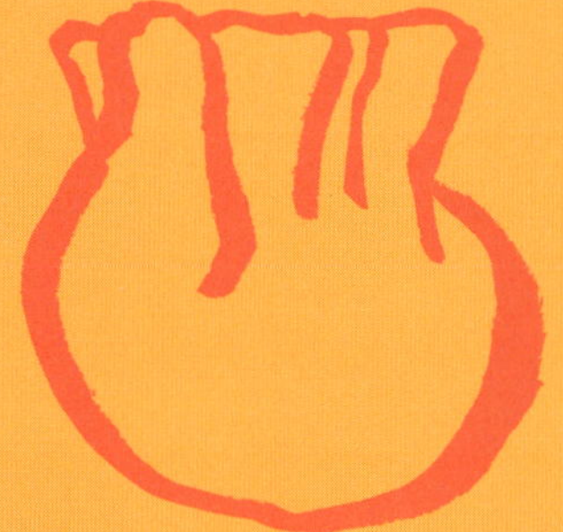

Soy Suzie Lee (Arbuthnot), ganadora del concurso *Best Home Cook* («Mejor cocina casera»), de la BBC, y presentadora del programa *Suzie Lee's Home Cook Heroes*, del canal BBC One. Soy británica de origen chino, y crecí con mis padres en Irlanda del Norte. A los once años, mi padre se trasladó a Blackburn con su familia en busca de una vida mejor. Siete años después, le pidió matrimonio a mi madre por carta y ella viajó hasta Blackburn para casarse con él. Nueve años más tarde, nací yo (la cuarta de cinco hijos).

En 1980, mis padres se trasladaron a Lisburn y abrieron el puesto de comida para llevar Man Lee, en Ballymacash.

Al crecer en una familia que regentaba un establecimiento de este tipo, he vivido siempre rodeada de comida. En la cultura china, comida y familia se hallan estrechamente unidas. En casa me enseñaron que la buena comida proporciona armonía e intimidad con amigos, familiares y desconocidos. Se trata de un principio de vida y, al cocinar, siento que establezco una conexión con ellos.

Mi madre es mi inspiración. Aprendió a cocinar de forma autodidacta, dirigía el negocio y era la jefa de cocina. Le encantaba la comida y le apasionaba cocinar. Me siento afortunada por haber heredado esa misma pasión. Conservo recuerdos maravillosos de su último año de vida, cuando visitamos diversos restaurantes y cafeterías, aprovechando el poco tiempo libre del que disponía, para disfrutar de las delicias de Irlanda del Norte. Si algo nos gustaba, ella o yo intentábamos recrearlo más tarde en nuestra cocina.

Mi momento crucial como cocinera tuvo lugar el 25 de diciembre de 1999. Unos días antes de las Navidades, mi madre anunció que no iba a poder encargarse de la cena de Navidad para toda la familia. Entonces acepté el reto y me familiaricé con nuestro horno y con los utensilios de la cocina industrial para poder preparar una cena para más de cuarenta parientes. Me encanta la Navidad porque simboliza todo lo que disfruto de la vida familiar: reuniones, comida, charlas, risas y felicidad pura.

Desgraciadamente, mi madre falleció de repente el 8 de febrero de 2000. Mi vida dio un vuelco y maduré mucho antes de lo que esperaba. Es extraño, pero creo que la negativa de mi madre a cocinar en esas Navidades fue su manera de prepararme para el futuro.

En mis veinte años como cocinera, he aprendido de la televisión, de las revistas, de los libros y de mi tía Linda (la hermana de mi padre), y también experimentando. Esto significa que he probado diferentes tipos de cocina e ingredientes en muchísimas recetas. Gracias a ello, me gusta improvisar; considero que es algo que va de la mano con el aprovechamiento de los alimentos y las sobras, el uso de lo que se tenga en la despensa, el frigorífico o el congelador. A través de este viaje con la escritura (que me ha resultado terapéutico y emotivo), he descubierto que mi madre también improvisaba y elaboraba así sus propias creaciones.

Cocinar platos chinos no era en principio mi intención, ya que siempre he pensado que mis preparaciones no eran tan buenas como las de mi madre o mi tía, y ha sido algo que he tenido que superar. Pero estos últimos siete años, desde que nacieron mis hijos, he sentido la importancia de enseñarles a apreciar y a saborear también su herencia culinaria china.

Si bien conté con la compañía de mi madre durante poco tiempo, fue una suerte poder probar los platos tradicionales cantoneses día tras día. Tuve el privilegio de viajar con mi familia y que pudiéramos visitar juntos Hong Kong al menos una vez al año. ¡Allí la comida es excepcional! Con estos recuerdos, pues, y tras visitar muchos barrios chinos del mundo (por todo el Reino Unido, por Nueva York y Sídney), ya me siento lista para mostrar mi repertorio culinario chino y ofrecer recetas que dan una visión diferente de la cocina china. Algunas las he recreado a partir de lo que recuerdo, otras las he aprendido sola y otras son platos típicos para llevar (véase el Pollo agridulce cantonés, p. 143), pero todas tienen mi toque personal.

Mis recetas no son restrictivas. Estoy a favor de aprovechar los ingredientes que se tengan a mano, de modo que te propongo que te atrevas a sustituir los que no uses por otros que sí utilices. Mi lema es «prepara, prueba y practica». Con ello, ganarás confianza para preparar platos deliciosos, ¡sea lo que sea!

Cocinar debe ser divertido, y en mi caso resulta terapéutico y fue una manera de conectar con mi madre: me pierdo en el proceso y pongo el piloto automático al concentrarme. Ahora que soy madre trabajadora, intento educar a mis hijos de modo que disfruten cocinando (jugando), alimentándose y comunicándose a través de la comida, ya sea comentando lo que trocean o simplemente charlando en la mesa; para mí, la comida es la piedra angular de la vida familiar porque nos une.

Vamos, prueba mis recetas. Te prometo que no son tan complicadas como parecen.

¡Buen provecho!

SUZIE LEE

ACERCA DE ESTE LIBRO

Antes, durante y después de ganar el premio *Best Home Cook*, la gente siempre me ha pedido mis recetas y trucos de cocina. Las recetas elegidas para este libro son las favoritas de mi familia, y cualquiera puede prepararlas. Cocinar debe ser divertido, y compartir los resultados con amigos y familiares hace que valga la pena.

Yo he gozado del privilegio de haber crecido rodeada de platos en plena preparación y de la experiencia de haber vivido la cocina china. Doy por sentado mi legado, aunque, hasta ahora, la cocina ha sido algo que solo he compartido con mis familiares cercanos. Estos son mis recuerdos, y los de mis hermanos serán otros, pero aquí está mi versión, simplificada, de algunos de los platos de mi madre para preparar comida cantonesa sencilla y sabrosa.

Este libro de recetas está pensado para el cocinero doméstico, para que pueda utilizar los ingredientes que encuentre en la tienda o en su supermercado habitual; solo algunos platos requieren unos pocos productos especializados. Algunos ingredientes resultan sorprendentes y poco convencionales para la cocina de Hong Kong, como el kétchup, la salsa marrón inglesa, la carne en lata, la leche evaporada o la mantequilla.

Estoy muy a favor de reducir el desperdicio de alimentos, por eso en el libro indico cómo reutilizar ingredientes para aprovecharlos mejor. Mi objetivo es evitar que a alguien se le quiten las ganas de cocinar mis platos porque ha de comprar mil ingredientes que solo usará una vez.

INGREDIENTES DE DESPENSA

Jengibre, ajo y cebolleta son los tres aromas básicos de la cocina china, y se incluyen en muchas de las recetas del presente libro.

Me encantan las cebolletas. Siempre tengo varios manojos en unos vasos dispuestos en el alféizar de la ventana de la cocina. Potencian el sabor de cualquier plato. Se puede freír la parte blanca, de sabor parecido al de las cebollas (algo más suave), y añadir la parte verde como detalle final a un plato o usarla para ensaladas. Las opciones son infinitas.

Además de estos tres productos, mis otros básicos de la despensa aparecen en la lista de la página siguiente. Sin embargo, no hallarás ni una hojita de cilantro en el libro: ello se debe a un incidente crucial de mi infancia, cuando lo comí en exceso y me marcó para siempre. Una de mis tías había venido a casa una noche y mi madre la invitó a quedarse a cenar. Había preparado rodaballo al vapor al estilo cantonés, en el que, de forma tradicional, se termina poniendo un manojo de cilantro sobre el pescado. Aquella noche decidí meterme un puñado de cilantro en la boca con el pescado porque me estaban elogiando (algo muy importante a los siete años) por comer todo lo que me daba mamá. Me dieron arcadas, pero lo comí de todas maneras y me sentó fatal. Y de esa manera terminó mi historia de amor con el cilantro.

INGREDIENTES BÁSICOS

FRESCOS

Raíz de jengibre (fresca o congelada)
Cebollas
Ajo (fresco o congelado)
Cebolletas
Chiles
Huevos
Verduras

CONDIMENTOS

Salsa de soja oscura y clara
Aceite de sésamo tostado
Salsa de ostras o salsa vegetariana para sofreír
Vino de Shaoxing
Vinagre de vino de arroz
Aceite de sésamo negro
Judías negras fermentadas secas
Salsa marrón inglesa
Salsa de judías
Aceite picante
Vinagre negro
Pasta de sésamo
Mantequilla de cacahuete
Aceite vegetal
Sal marina fina
Pimienta blanca
Pimienta negra
Aceite de sésamo
Polvo de cinco especias chinas (canela, clavo, hinojo, anís estrellado y pimienta de Sichuan)
Caldo de pollo o verduras (o en polvo)
Azúcar extrafino y granulado
Cubitos de caldo

SECOS (COMO ALTERNATIVA)

Cebolla en polvo/gránulos
Ajo en polvo/gránulos
Chile en polvo/copos
Jengibre molido
Setas shiitake secas
Semillas de sésamo (blanco, negro o ambos)
Cacahuetes
Oreja de Judas
Flor de lirio seca

OTROS

Arroz basmati
Fideos (de arroz, huevo, cristal)
Harina fina de maíz
Harina de arroz
Harina blanca
Harina de trigo
Carne enlatada
Obleas para won ton

UTENSILIOS IMPRESCINDIBLES

Existen un par de utensilios imprescindibles para facilitarte este viaje culinario por la comida casera china, en los que opino que vale la pena invertir.

WOK

No es necesario comprar un wok antiadherente caro. La clave para que nada se pegue en un wok de acero inoxidable, de aluminio o de hierro fundido consiste en «curarlo». Para ello, pasa un papel de cocina impregnado con aceite vegetal o de girasol por el interior, de modo que toda la superficie quede untada. Calienta el wok a fuego lento hasta que humee y luego límpialo utilizando más papel de cocina. Repite la operación hasta que el papel de cocina salga limpio. Verás que el wok ennegrecerá y perderá su color plateado. Entonces estará curado y le habrás proporcionaro lo que se conoce como *wok hei*, que significa «energía o aliento del wok».

COLADOR

Para escurrir fideos, escaldar hortalizas y colar el aceite usado para frituras.

VAPORERA

O bien una olla grande con tapa donde quepa un trípode con rejilla y un recipiente resistente al calor.

PINZAS

Para retirar los alimentos de woks y ollas, y para mezclar y remover.

JARRA Y CUCHARAS MEDIDORAS Y BALANZA

Son útiles para la precisión que requieren algunas recetas.

TÉRMINOS CLAVE Y CONSEJOS

En el libro menciono con frecuencia algunas técnicas, términos e ingredientes, por lo que creo que las siguientes explicaciones pueden ser de ayuda.

HARINA FINA DE MAÍZ

Se trata de un ingrediente versátil que se puede emplear de diversas maneras:

- Para aterciopelar: añadir harina de maíz al marinado de la carne. Al cocinarla, la harina actúa como barrera para mantener la humedad y la jugosidad de la carne.
- Para integrar los ingredientes en recetas (véanse las Croquetas de pescado con salsa ácida, p. 37, y los won ton de la Sopa de fideos con won ton, p. 78).
- Para dar un toque crujiente a los alimentos fritos (véase el Pollo agridulce cantonés, p. 143).
- En los fideos, para darles un tono ligeramente translúcido (véanse los Fideos *cheung fun*, p. 81, y los Tallarines *ho fun* con ternera, p. 114).
- Como espesante: para formar una pasta y espesar sopas y salsas. La pasta de harina de maíz es un espesante clave de toda la cocina china. Se prepara mezclando harina fina de maíz con agua en una proporción de 1:2. Mezcla 1 cucharada sopera de agua fría con 1 cucharada sopera de harina fina de maíz en un bol. No uses agua caliente porque se formarían grumos. Acuérdate de remover la mezcla antes de usarla, ya que, de lo contrario, la harina se quedará en el fondo del bol.

ESCALDAR/SANCOCHAR CARNES

Es algo que siempre se hace en la cocina china. Añade la carne a una olla de agua fría y llévala a ebullición para que las impurezas suban a la superficie. Así se reduce el exceso de grasa de la carne, se elimina la sangre de los huesos y el sabor a caza que podría pasar al plato, y me aseguro de que el caldo o la sopa preparados con la carne queden transparentes. No soporto desperdiciar nada, por lo que nunca tiro el agua después de escaldar la carne, ya que tiene mucho sabor. Solo retiro las impurezas y la espuma de la superficie con una espumadera o colador.

COCER AL VAPOR

Es una parte importante del libro. Se trata de una buena manera de cocer las hortalizas para conservar sus nutrientes, y también las carnes y los dumplings. Si no dispones de vaporera, te recomiendo que adquieras una.

UNAS GOTAS DE AGUA

Añade siempre unas gotas de agua al sofreír las verduras para que no se peguen ni se quemen en el wok.

MASAS

Muchas de las masas para tortitas, rollitos, won ton, dim sum, dumplings y fideos pueden comprarse hechas, pero si deseas probar a elaborarlas tú, sigue estas recetas.

CREPES CHINAS

harina blanca, y más
para espolvorear .... 200 g (7 oz / 1⅔ tazas)
sal .... una buena pizca
aceite, y más para
untar las crepes .... 1 cucharadita
agua hirviendo .... 200 ml (7 fl oz / 1 taza escasa)

Pon la harina, la sal y el aceite en un bol grande resistente al calor. Añade el agua hirviendo y mezcla con unos palillos o una cuchara de madera hasta formar una masa. Cubre el bol con un trapo de cocina húmedo o papel film y deja reposar 10 minutos para que se desarrolle el gluten y la masa se trabaje con mayor facilidad.

Amasa sobre una superficie de trabajo espolvoreada con harina durante unos 5 minutos. Devuelve la masa al bol y déjala reposar 15 minutos más.

Divide la masa en 16 partes iguales. Toma una parte, úntala con un poco de aceite y presiona con otra de las partes encima. Espolvorea un trozo de papel vegetal con harina, dispón la masa de doble capa encima y con el rodillo forma un disco de 10 cm (4 in). Debe quedar bien fino.

MASA PARA ENROLLADOS

almidón de trigo .... 50 g (1¾ oz / ⅓ de taza)
harina fina de maíz .... 50 g (1¾ oz / ⅓ de taza)
sal .... una pizca
aceite vegetal, y más
para untar el rodillo .... 2½ cucharaditas

Pon el almidón de trigo, la harina de maíz y la sal en un bol resistente al calor. Poco a poco, añade 100 ml (3½ fl oz / ½ taza escasa) de agua hirviendo y mezcla rápido con una cuchara de madera para formar una masa. Añade el aceite y mézclalo todo bien. Ponte unos guantes de goma y, cuando la masa esté lo bastante fría para manipularla, trabájala en el bol hasta obtener una bola suave.

Divide la masa en 16 partes iguales y con la mano unta el rodillo con aceite. Forma círculos con los trozos de masa de 10 cm (4 in) de diámetro y unos 2 mm (1/16 in) de grosor. Conserva los discos bajo un trapo húmedo hasta que vayas a usarlos.

MASA PARA BASTONCITOS FRITOS

huevo grande 1
harina leudante, y más
para espolvorear .... 200 g (7 oz / 1⅔ tazas)
bicarbonato .... ⅛ de cucharadita
sal .... ¼ de cucharadita
aceite vegetal, y más
para engrasar .... 1 cucharada

Casca el huevo en un bol o en el recipiente de la báscula, luego añade agua hasta alcanzar 125 g (4½ oz) de peso. Añade la mezcla de huevo con agua a un bol y agrega la harina, el bicarbonato, la sal y el aceite. Mézclalo bien, cúbrelo y déjalo reposar 10 minutos. Con este paso se rompe la membrana celular y se desarrolla el gluten, con lo que se reduce el tiempo de amasado. Cuando hayan pasado 10 minutos, trabaja la masa sobre una superficie espolvoreada con harina durante unos 5 minutos (o usa un robot con el accesorio de gancho). Unta el bol donde has mezclado la masa con aceite y, a continuación, forma una bola con ella, disponla en el bol y cúbrela con papel film. Déjala en el horno solo con la luz encendida, o en un lugar cálido, durante 1 hora para que la masa suba.

Para formar los bastoncitos, divide la masa por la mitad y coloca las dos partes sobre una superficie enharinada. Dales forma de tiras largas rectangulares de unos 25 × 6 cm (10 × 2½ in). Corta unos 10 trozos de 2,5 cm (1 in) con cada tira. Coloca un trozo de masa sobre otro trozo y presiona con un palillo a lo largo de la parte central, de modo que el rectángulo de arriba se pegue al de abajo.

OBLEAS PARA GYOZA

harina blanca .... 120 g (4¼ oz / 1 taza)
harina panificable .... 60 g (2¼ oz / ½ taza)
harina blanca .... 60 g (2¼ oz / ½ taza)
sal .... ½ cucharadita
harina fina de maíz, para espolvorear

Pon las harinas y la sal en un bol resistente al calor, añade 120-160 ml (4-5½ fl oz / ½-⅔ de

taza) de agua hirviendo y, con guantes de goma, amasa durante 2 minutos. Divide esta masa y forma 4 cilindros, y envuélvelos en papel film o papel encerado para dejarlos reposar 1 hora a temperatura ambiente.

Enharina una superficie de trabajo con harina de maíz. Corta cada cilindro en 10 bolas de masa y extiende cada una para obtener discos de 8 cm (3 in) y no más de 2 mm (1⁄16 in) de grosor; cuanto más finos, mejor, si no las obleas serán demasiado gomosas (recorta los bordes con un cortapastas o taza). Espolvoréalas con abundante harina de maíz. Cúbrelas con papel film y guárdalas en el frigorífico.

MASA PARA BAOZI

azúcar granulado .... 8 g (¼ oz)
bolsitas de levadura
  seca de acción rápida .... 7 g (¼ oz)
harina blanca, y más
  para espolvorear .... 200 g (7 oz / 1⅔ tazas)
levadura en polvo .... ½ cucharadita
aceite vegetal, y más
  para engrasar .... 1 cucharadita

Pon 100 ml (3½ fl oz / ½ taza escasa) de agua tibia y el azúcar en un bol y remueve para disolver el azúcar; añade la levadura seca y reserva 5 minutos hasta que la levadura actúe (la superficie se volverá espumosa). Añade la harina, la levadura en polvo y el aceite, y mezcla con una cuchara de madera hasta combinarlo todo bien. Cubre con un trapo de cocina húmedo y deja reposar 5 minutos. A continuación, amasa unos 5 minutos o hasta que la masa quede suave. Unta ligeramente un bol con aceite, añade la masa, cúbrelo con un plato o papel film y mételo en el horno con solo la luz encendida (sin temperatura), o en un lugar cálido, durante 30 minutos para que la masa doble su tamaño.

Divide la masa en 12 partes, de unos 25 g (1 oz) cada una; forma bolas con cada porción de masa y remete los extremos debajo para crear tensión en la superficie de la masa y conservar mejor la forma. Extiende cada bola sobre una superficie enharinada para formar círculos de 4-5 mm (¼ in) de grosor.

PANECILLOS BAO

azúcar granulado .... 1 cucharada
bolsitas de levadura
  seca de acción rápida .... 2 × 14 g (½ oz)
harina blanca .... 375 g (13 oz / 3 tazas)
aceite vegetal .... 1 cucharadita

Para la masa, añade 175 ml (6 fl oz / ¾ de taza) de agua tibia a un bol, incorpora el azúcar y remueve para disolverlo; luego añade la levadura y deja reposar 5 minutos hasta que forme espuma. Mezcla los ingredientes con una cuchara de madera. A continuación, vuelve a pasar la masa al bol, cúbrelo con papel film y guárdalo en un lugar cálido (como el horno, con solo la luz encendida) durante 30 minutos, hasta que la masa doble su tamaño.

Luego, amásala durante 2 minutos sobre una superficie enharinada y divídela en 16 trozos. Dales forma ovalada, úntalos con aceite vegetal por ambos lados y dóblalos sobre sí mismos.

FIDEOS DE HUEVO Y OBLEAS PARA WON TON

harina blanca
  panificable .... 450 g (1 lb / 3½ tazas)
mezcla de huevo
  y agua caliente (3 huevos, más
  suficiente agua caliente para
  obtener el peso requerido) .... 250 g (9 oz)
sal .... ½ cucharadita
kai sun (bicarbonato horneado
  o solución alcalina) .... 1 cucharadita
harina fina de maíz,
  para espolvorear

Combina la harina con la mezcla de huevo y agua, la sal y el kai sun hasta obtener una mezcla arenosa. Luego, amásala hasta formar una bola. Envuélvela en papel film transparente o con un trapo de cocina húmedo y luego deja que repose 10 minutos.

Pasados 10 minutos, divide la masa en trozos manejables: seis u ocho bolas.

Con una máquina de hacer pasta, usa desde la función más gruesa hasta la más fina para obtener láminas con las bolas. Utiliza harina fina de maíz para que la masa no se pegue. Debes conseguir láminas con un espesor de unos 2 mm (1⁄16 in). Si no dispones de máquina, usa el rodillo para extender la masa hasta que tenga un grosor de 2 mm.

Corta unos 32 cuadrados. Amontónalos espolvoreando cada uno con harina de maíz. Pasa el resto de la masa por la máquina para obtener unos cuatro nidos de fideos. Si no tienes máquina, corta la masa con un cuchillo para hacer los fideos. Conserva las obleas y los fideos bajo un trapo de cocina humedecido si no vas a emplearlos enseguida.

OBLEAS PARA ROLLITOS

harina blanca, y más para la pasta .... 250 g (9 oz / 2 tazas)
sal .... ½ cucharadita

Para preparar las obleas, mezcla la harina y la sal en un bol con 375 ml (13 fl oz / 1⅔ tazas) de agua fría y remuévelo todo, y luego cuélalo en otro bol.

Pon una sartén antiadherente a fuego muy bajo durante al menos 5 minutos. A continuación, ayudándote de un pincel, unta la sartén caliente con la mezcla hasta que quede bien cubierta. Sube el fuego durante unos 30 segundos, hasta que veas que la masa se vuelve blanca. Entonces, retira la oblea de la sartén y déjala sobre un trapo de cocina húmedo para que no se seque. Limpia la sartén con un trapo húmedo y repite el proceso hasta que acabes la mezcla. Debe haber suficiente masa para que te salgan 12-14 obleas.

MASA DE PAN

LEVADURA

levadura .... 8 g (⅓ oz)
leche tibia, y más para pintar .... 125 ml (4¼ fl oz / ½ taza generosa)

ESPESANTE

harina blanca .... 2½ cucharadas
leche entera .... 65 ml (2 fl oz / ¼ de taza)
agua .... 55 ml (1¾ fl oz / 3½ cucharadas)

MASA

harina blanca .... 350 g (12 oz / 2¾ tazas)
azúcar extrafino .... 35 g (1¼ oz / 3 cucharadas)
sal .... 3 g
huevo mediano 1
leche condensada .... 40 g (1½ oz / 2 cucharadas)
mantequilla, fundida, y más para engrasar .... 60 g (2¼ oz)

Añade la levadura a la leche tibia y remueve para activarla (se formará espuma en la superficie).

Mezcla los ingredientes para el espesante y forma una pasta en una taza apta para el microondas; caliéntala 10 segundos y remueve dos veces. También puedes combinar los ingredientes en un cazo a fuego lento durante 10 minutos, hasta que espesen.

Para hacer la masa, mezcla el espesante con la harina, el azúcar, la sal, el huevo, la leche condensada y la mezcla de la levadura en el recipiente de la amasadora y remueve con el gancho 3-5 minutos, hasta que se combine todo. A continuación, añade la mantequilla fundida sin parar la máquina y mezcla bien. También puedes mezclar los ingredientes en un bol con el accesorio de gancho de una batidora o amasarlos a mano. Deja reposar la masa 20 minutos a temperatura ambiente, cubierta con un trapo de cocina húmedo.

Una vez que la masa haya reposado, trabájala durante 5 minutos (a mano o con la batidora o la amasadora a velocidad media). Después, dale forma de bola, remetiendo la masa bajo la base para que la superficie quede tersa. Devuélvela al bol, cúbrela y déjala en el horno con solo la luz encendida (sin temperatura) durante 30 minutos, hasta que doble su tamaño.

MASA HOJALDRADA CON MIGAS DE MANTEQUILLA

MIGAS DE MANTEQUILLA

harina blanca .... 100 g (3½ oz / ¾ de taza)
mantequilla congelada, rallada .... 150 g (5 oz)

MASA HOJALDRADA

harina blanca .... 200 g (7 oz / 1⅔ tazas)
azúcar glas, tamizado .... 50 g (1¾ oz / ⅓ de taza generosa)
huevo pequeño 1
aceite vegetal, para engrasar

Para las migas de mantequilla, mezcla bien la harina con la mantequilla rallada en un bol hasta obtener una textura grumosa.

Pon la harina y el azúcar en el vaso del procesador de alimentos y tritura; añade el huevo y tritura, y finalmente agrega 1 cucharadita de agua fría a la vez y tritura hasta obtener una mezcla arenosa (necesitarás unos 60 ml / 2 fl oz / ¼ de taza). No debe

quedar suave; si queda suave, significa que has usado demasiada agua. Dispón una lámina grande de papel film sobre la superficie de trabajo, úntala con un poco de aceite y coloca la masa encima. Unta un poco la parte superior de la masa y coloca otra lámina de film encima. Forma un rectángulo de 2 mm (1/16 in) de grosor entre las dos capas de film. Retira la lámina superior de papel film y gira el rectángulo de modo que el lado largo quede paralelo a ti (con la masa aún sobre el papel film). Imagina que el rectángulo está dividido en tres tercios. Añade la mitad de la mezcla de migas de mantequilla sobre dos tercios de la masa y luego dobla el tercio libre sobre el tercio central. Dobla el último tercio de la masa con el relleno de mantequilla sobre el otro tercio central. Procura que la mezcla de mantequilla no se salga de la masa. Haz rotar la masa 90 grados y, con el rodillo, vuelve a formar un rectángulo largo. Repite la operación de doblar y extender la masa con la otra mitad de relleno de mantequilla (esta es la segunda fase). Repite la rotación de 90 grados, los pliegues en tercios y la extensión de la masa tres veces más, con el fin de formar las capas de la masa hojaldrada. (Si en alguna fase la mantequilla empieza a salir, envuelve la masa y métela en el frigorífico 10 minutos antes de continuar con el proceso.) Cubre la masa (que ahora será un rectángulo grueso más pequeño) con papel film y refrigérala durante al menos 20 minutos.

CARNE

Me confieso carnívora, y a toda mi familia también le encantan las comidas ricas en proteínas. Aquí he incluido algunos platos clásicos, además de mis favoritos. Los chinos creen que la carne constituye una parte importante de la dieta. En las décadas de 1950 y 1960, era un lujo poder consumir carne, y eso hizo que se tuviera por un ingrediente altamente nutritivo.

CAPÍTULO UNO

Panceta de cerdo crujiente

Este plato (*siu yuk*) es un asado chino de carne muy popular. Suele servirse con arroz o fideos, pero también como relleno de los panecillos bao. Mi familia siempre lo pide cuando vamos a un restaurante chino: nos trae muchos recuerdos. La panceta es un corte de carne económico y con este plato comen muchas personas.

Raciones: 6
Preparación: 15 min, más una noche para que se enfríe
Cocción: 2 h 20 min

INGREDIENTES

panceta de cerdo con piel ... 1 kg (2 lb 4 oz)
sal marina ... unos 400 g (14 oz)
polvo de cinco especias chinas ... 2 cucharadas
pimienta blanca ... una buena pizca

TRUCO

Aprovecha las sobras para la receta de Panecillos bao de panceta glaseada con verduras encurtidas de Suzie (véase p. 72) o sofritos, o para acompañar con arroz o fideos.

ELABORACIÓN

Seca la panceta con papel de cocina y luego, con un pincho, un palillo o un cuchillo, pincha la piel tanto como puedas, con cuidado de no pinchar la carne. Colócala sobre una rejilla en una bandeja para asar, con la piel arriba, de modo que la carne no toque la bandeja. Cubre la piel con unos 200 g (7 oz) de sal (puede parecer demasiado, pero sirve para extraer la humedad de la piel y conseguir una panceta bien crujiente). Lo ideal es que la capa de sal sea de 3 mm (⅛ in). Pon la carne en la bandeja, sin tapar, en el estante inferior del frigorífico o el cajón para carnes y déjala toda la noche.

Al día siguiente, precalienta el horno a 130 °C con ventilador (300 °F / gas 2).

Saca la carne del frigorífico y retira la sal de la piel. Seca la panceta con papel de cocina. Dale la vuelta sobre una tabla de cortar, con la piel hacia abajo, y esparce con un masaje el polvo de cinco especias y la pimienta blanca por toda la carne, evitando la piel.

Coloca la panceta sobre una lámina resistente de papel de aluminio capaz de contener la carne con un borde lateral de 2,5 cm (1 in) de alto. La carne debe quedar encajada en el envoltorio de aluminio. Vuelve a pinchar la piel (sin llegar a la carne), y, a continuación, añade el resto de la sal por encima y los bordes para que la selle: así el vapor de la cocción subirá desde abajo y la grasa ablandará más la carne, que se fundirá en la boca.

Asa la carne en el horno durante 2 horas.

Retira la carne del horno y sube la temperatura a 220 °C con ventilador (475 °F / gas 9).

Con cuidado, retira la carne del aluminio, vigilando que la sal no caiga en el jugo acumulado en el recipiente. Este jugo es delicioso; no lo tires, úsalo para dar sabor a otros platos.

A mí me encanta mezclarlo con fideos para aportar una capa adicional de sabor a las verduras al vapor. Elimina la capa de sal de la carne con ayuda de un pincel y un papel de cocina. Seca la piel con papel de cocina. A continuación, dispón la carne en una bandeja más pequeña, con la piel hacia arriba, y devuélvela al horno unos 15-20 minutos para que la piel se hinche.

Retira la carne del horno y déjala reposar y enfriar unos 5 minutos; luego córtala en dados con un cuchillo afilado.

Crepes chinas con pato

El pato es una de mis carnes preferidas, y estas crepes son ideales para compartir ¡o para darte un banquete si tienes hambre! Para esta receta, me gusta usar muslos de pato porque tienen más sabor, pero puedes hacerla con pechugas, si lo prefieres.

Raciones: 4
Preparación: 10 min
Cocción: 1 h 40 min

INGREDIENTES

PATO

polvo de cinco especias chinas .... 4 cucharaditas
salsa hoisin .... 4 cucharaditas
muslos (o pechugas) de pato 4
un trozo de jengibre fresco, en rodajas .... 40 g (1½ oz)
cebolletas .... 70 g (2½ oz) [unas 4]
aceite vegetal, para pintar
sal y pimienta blanca

CREPES

crepes compradas (véase Crepes chinas, p. 10) 8

PARA SERVIR

cebolletas, cortadas finas a lo largo 4
salsa hoisin
pepino, cortado en bastoncitos (retira las semillas si no los comes enseguida o lo mojarán todo demasiado) 1

ELABORACIÓN

Precalienta el horno a 160 °C con ventilador (350 °F / gas 4).

Unta cada muslo o pechuga con 1 cucharadita de polvo de cinco especias y 1 cucharadita de salsa hoisin, frotando la carne. Añade el jengibre y la cebolleta en una bandeja poco honda para el horno con rejilla y vierte suficiente agua para cubrir el fondo (unos 250 ml / 8½ fl oz / 1 taza). Coloca la rejilla. Dispón el pato sobre la rejilla, evitando que toque el agua, y píntalo con un poco de aceite vegetal. Salpimienta, cubre la bandeja con papel de aluminio y asa el pato durante al menos 1 hora 30 minutos.

Mientras el pato está en el horno, prepara las crepes siguiendo las instrucciones de la página 10, en caso de que elabores la receta desde cero.

Unta una sartén con un poco de aceite y ponla a fuego medio. Añade una crepe y fríela durante 30-60 segundos, hasta que se tueste ligeramente. Dale la vuelta y cocínala otros 30-60 segundos más. Con cuidado, retírala de la sartén y, si la has elaborado desde cero, separa las dos partes aún calientes. Añade las dos crepes de nuevo a la sartén unos 30 segundos; no las dejes más tiempo para evitar que se vuelvan crujientes. Mantén las crepes en un plato bajo un trapo de cocina algo humedecido para que se conserven tiernas y calientes. Repite la operación con el resto de la masa.

Añade la cebolleta laminada a un bol con agua fría. Saca el pato del horno y deshuesa y desmenuza la carne. Si la carne parece algo seca (es posible si usas pechugas), mézclala con un poco de líquido de la bandeja.

Sirve el pato desmenuzado con las crepes, la salsa hoisin, la cebolleta escurrida y el pepino.

TRUCOS

Tanto la carne como las crepes pueden prepararse con antelación y congelarse.

Utiliza los restos de pato para la receta de Arroz frito con pato y piña (véase p. 86).

Pollo con salsa de soja

El pollo es muy popular en la cocina cantonesa; se prepara de tantas maneras que tardaría meses en recopilar todas las recetas. Este plato es básico en muchos aspectos. Es fácil de elaborar y lleva una salsa riquísima que se puede aprovechar para muchas cosas. He simplificado la receta aún más cortando el pollo, con lo cual se consigue un color uniforme. Se sirve con arroz.

Raciones: 4
Preparación: 5 min
Cocción: 35 min, más reposo y enfriamiento

INGREDIENTES

pollo entero, cortado en 6 trozos (2 pechugas, con hueso, 2 muslos y 2 alas) ... 1,3-1,5 kg (3-3 lb 5 oz)
o muslos de pollo ... 1 kg (2 lb 4 oz)

SALSA

aceite vegetal ... 1 cucharada
un trozo de jengibre fresco, en rodajas finas ... 40 g (1½ oz)
cebolletas, cortadas en tiras de 5 cm (2 in) y chafadas ... 3
estrellas de anís ... 4
vino de Shaoxing ... 300 ml (10 fl oz / 1¼ tazas)
salsa de soja clara ... 300 ml (10 fl oz / 1¼ tazas)
salsa de soja oscura ... 200 ml (7 fl oz / 1 taza escasa)
azúcar extrafino ... 225 g (8 oz / 1 taza)
sal ... 10 g (¼ oz)

ELABORACIÓN

Primero, elabora la salsa. Calienta el aceite en una sartén grande a fuego fuerte, añade el jengibre, las cebolletas y el anís, y sofríe 5 minutos para que se ablanden. Añade el vino de Shaoxing, las salsas de soja, el azúcar y la sal. Lleva a ebullición, baja el fuego y deja cocer 10 minutos.

Agrega el pollo a la misma sartén, con la piel hacia abajo, y cocínalo 20-25 minutos. Lo ideal es que quede sumergido en la salsa; si no es así, remójalo de vez en cuando con esta. Apaga el fuego y deja reposar el pollo en el líquido durante 15 minutos; así adquirirá el típico color de la salsa de soja.

Saca el pollo de la salsa y déjalo enfriar durante al menos 15 minutos (para que sea más fácil cortar la carne). Con un cuchillo afilado, córtalo en trozos, dejando los huesos intactos. Dispón los trozos en un plato y riégalos con la salsa.

TRUCOS

Si deseas ahorrar tiempo sin que disminuya el sabor, utiliza filetes de pollo pequeños y cocínalos en la salsa 10-12 minutos.

Yo aprovecho la salsa sobrante cuando hago arroz frito y también la uso para marinar alitas de pollo.

Pollo frito de Suzie

Cuando estaba embarazada frecuentaba los establecimientos de una conocida cadena de pollo frito. El exterior crujiente y sabroso del pollo y su interior tierno me perdían. Por eso, creé mi propia versión con sabores chinos y menos aceite. Estos trozos de pollo crujiente son una delicia servidos dentro de un pan de hamburguesa o junto a una ensalada.

Raciones: 4
Preparación: 15 min, más 15 min de marinado
Cocción: 20 min

INGREDIENTES

contramuslos de pollo sin piel ni hueso ..... unos 600 g (1 lb 5 oz) [unas 6 piezas]
aceite vegetal, para freír ..... 300-500 ml (10-17 fl oz / 1¼-2 tazas)

MARINADO

salsa de soja oscura ..... 1 cucharada
jengibre fresco rallado ..... 1 cucharada
ajo picado ..... 2 cucharaditas
aceite de sésamo tostado ..... 1 cucharadita
harina fina de maíz ..... 1 cucharadita
sal ..... una pizca
pimienta blanca ..... ½ cucharadita
huevo pequeño 1

MEZCLA DE HARINAS

harina fina de maíz ..... 75 g (2½ oz / ¾ de taza)
harina blanca ..... 75 g (2½ oz / ½ taza escasa)
polvo de cinco especias chinas ..... 2 cucharaditas
ajo en polvo ..... 2 cucharaditas
jengibre molido ..... 2 cucharaditas
pimienta blanca ..... ¼ de cucharadita
sal ..... ¼ de cucharadita

TRUCO

No deseches el aceite de freír el pollo. Espera a que se enfríe, pon un papel de cocina en un embudo y este en la boca de una botella de cristal. Poco a poco, cuela el aceite en la botella. Yo lo uso hasta tres veces antes de que se ponga muy oscuro, se queme o se impregne de sabores de otros platos.

ELABORACIÓN

Precalienta el horno a 160 °C con ventilador (350 °F / gas 4) y forra una bandeja de horno con papel de aluminio.

Pon los ingredientes del marinado en un bol o una bolsa con cierre y mézclalos bien. Añade los trozos de pollo, recúbrelos con el marinado y déjalos marinar durante al menos 15 minutos (también se pueden dejar toda la noche para que absorban al máximo el sabor).

Remueve los ingredientes para la mezcla de harinas con un tenedor en un bol grande.

Calienta el aceite vegetal en un wok o una sartén grande para freír el pollo; usa suficiente aceite para llenar la sartén hasta 1,5 cm (⅝ in). Ponla a fuego máximo. Para saber si el aceite está listo, introduce el extremo de una cuchara de madera: si está a punto, se formarán burbujitas enseguida. Si el aceite humea, significa que está demasiado caliente y deberás bajar la temperatura.

Mientras se calienta el aceite, reboza el pollo marinado. Pasa un trozo de pollo por la mezcla de harinas hasta que quede bien recubierto. Sacude el exceso de harina. Repite la operación con cada trozo.

Pon, con cuidado, dos trozos de pollo en el aceite caliente y cocínalo 4-5 minutos, hasta que un lado quede crujiente y dorado. Dale la vuelta con las pinzas y fríelo 4-5 minutos por el otro lado.

Con cuidado, saca el pollo del aceite con las pinzas y colócalo sobre la bandeja preparada. Fríe el resto del pollo y, a continuación, ponlo en el horno para que quede más crujiente durante 10 minutos. Entonces estará listo para servir.

Chuletas de cerdo pekinesas

Estas chuletas son uno de los platos favoritos en casa. Mi tía Linda las preparaba a menudo para las reuniones familiares y siempre era lo primero que se terminaba. La salsa es tan rica que se puede usar también con cualquier otro tipo de carne o verduras.

Raciones: 4
Preparación: 10 min, más 5 min de marinado
Cocción: 15 min

INGREDIENTES

chuletas de cerdo, limpias de grasa ... unos 400 g (14 oz)
aceite vegetal ... unos 200 ml (7 fl oz / 1 taza escasa)
harina fina de maíz ... 2 cucharadas
harina blanca ... 2 cucharadas
cebolletas, en rodajas, para decorar

MARINADO

vino de Shaoxing ... 1½ cucharadas
salsa de soja clara ... 1½ cucharadas
polvo de cinco especias chinas ... ¼ de cucharadita
harina fina de maíz ... 1 cucharadita
aceite de sésamo tostado ... 1 cucharadita
huevo pequeño ... 1

SALSA

kétchup ... 3 cucharadas
aceite picante (véase Dados de tofu crujientes con aceite picante de Suzie, p. 48, o usa el que tengas a mano) ... ½ cucharadita
salsa hoisin ... 3 cucharadas
salsa Worcestershire ... 3 cucharadas
azúcar granulado ... 1 cucharadita
sal ... ¼ de cucharadita
polvo de cinco especias chinas ... 2 cucharaditas

ELABORACIÓN

Usa un mazo para ablandar ambas caras de las chuletas para que queden más tiernas y finas a la vez. A continuación, córtalas en tres o cuatro trozos cada una.

Añade los ingredientes del marinado en un bol y mézclalos con un tenedor. Agrega los trozos de chuleta y remueve. Cúbrelos con papel de aluminio o film y deja que marinen durante al menos 5 minutos, o bien toda la noche en el frigorífico.

Calienta el aceite vegetal en un wok o una sartén a fuego fuerte; es necesario que el aceite cubra el fondo del recipiente. Para saber si el aceite está listo, introduce el extremo de una cuchara de madera: si está a punto, se formarán burbujitas enseguida. Si el aceite humea, significa que está demasiado caliente y deberás bajar la temperatura.

Mientras se calienta el aceite, reboza las chuletas. Mezcla la harina de maíz y la blanca en un bol, y añade las chuletas: procura que cada trozo quede recubierto de forma ligera pero uniformemente. Con cuidado, pon unos cuantos trozos de carne en el aceite y fríelos por tandas, para no llenar demasiado el wok o la sartén, un par de minutos por cada lado, hasta que queden crujientes. Ponlos sobre papel de cocina para que absorba el exceso de aceite.

Añade los ingredientes de la salsa en otro wok o sartén con 3 cucharadas de agua, y deja que burbujeen unos 5 minutos hasta que se espesen. Prueba y rectifica de condimento.

Agrega la carne frita en la salsa y déjala cocer un par de minutos más. Emplata, decora con cebolleta y acompaña con arroz hervido.

Pollo con arroz a la hainanesa

Este plato es originario de la provincia de Hainan, en el suroeste de la China, desde donde ha llegado a Hong Kong, Singapur, Malasia y Tailandia. Cada país elabora su versión de la receta, pero el pollo siempre se hierve antes. Mi madre empezó a hacer una versión simplificada de este plato un par de años antes de fallecer, y esta es la receta que comparto aquí.

Raciones: 4
Preparación: 20 min
Cocción: 1 h

INGREDIENTES

POLLO

pollo entero, con la grasa retirada y reservada ... 1,3 -1,5 kg (3-3 lb 5 oz)
un trozo de jengibre fresco, en rodajas finas ... 50 g (1¾ oz)
cebolletas grandes, troceadas bastamente ... 2
dientes de ajo grandes, chafados ... 4
sal marina ... 1 cucharadita
caldo de pollo en polvo o ½ cubito de caldo de pollo (opcional) ... 1 cucharadita
cebolletas, en rodajas finas, para decorar

ARROZ

aceite vegetal ... 1 cucharadita
cebolla pequeña, en daditos ... 1
jengibre fresco rallado ... 1 cucharada
ajo rallado ... 1 cucharadita
arroz basmati, aclarado con agua fría y escurrido ... 400 g (14 oz / 2 tazas)

SALSA DE JENGIBRE Y CEBOLLETA

un trozo de jengibre fresco, picado fino ... 30 g (1 oz)
cebolletas, picadas finas ... 60 g (2¼ oz)
sal marina ... 1 cucharadita
aceite vegetal ... 90 ml (3 fl oz / 6 cucharadas)

TRUCO

Si deseas simplificar la receta, usa 1,3-1,5 kg (3-3 lb 5 oz) de muslos o contramuslos.

ELABORACIÓN

Retira el exceso de piel del pollo y resérvala para freírla después con el arroz.

Lleva a ebullición una olla grande llena de agua (suficiente para sumergir el pollo). Añade el pollo a la olla (con las pechugas hacia abajo) y deja cocer 5 minutos; retira la suciedad que flote.

Añade el jengibre, la cebolleta, el ajo, la sal y el caldo de pollo en polvo o cubito desmenuzado (si lo usas), y déjalo cocer a fuego medio 30-35 minutos hasta que se cocine el pollo. Con cuidado, saca el pollo y déjalo enfriar; conserva el caldo de la olla. Una vez frío, trocea el pollo con un cuchillo afilado.

Calienta el aceite vegetal para el arroz en una sartén a fuego fuerte. Añade la grasa reservada del pollo y fríela hasta que quede crujiente; luego agrega la cebolla, el jengibre y el ajo, e incorpora el arroz escurrido. Mezcla para que el arroz quede bien impregnado. Añade cuatro cucharones del caldo de pollo reservado, lleva a ebullición y, una vez que se absorba el agua, repite la operación con más cucharones de caldo hasta que se cueza el arroz. Necesitarás unos 600 ml (20 fl oz / 2½ tazas) de líquido y tardarás unos 20 minutos; el arroz no debe quedar pegajoso, por tanto, evita removerlo demasiado. Tápalo para que se mantenga caliente.

Para la salsa, mezcla el jengibre, la cebolleta y la sal en un bol resistente al calor. En un cazo pequeño, lleva el aceite vegetal a ebullición (el punto se alcanza cuando se forman ondulaciones en la superficie o cuando se forman burbujitas alrededor de la punta de una cuchara de madera). Vierte este aceite hirviendo sobre el bol con jengibre y cebolleta.

Emplátalo todo y sirve.

Bistec especial del abuelo

Mi padre sabe cocinar, pero creo que no me di cuenta de ello hasta que mi madre falleció. Entonces empezó a elaborar con frecuencia este plato que yo siempre he llamado «su bistec especial», ¡pero era una receta de su padre! Mi padre prepara su versión con bistecs enteros, pero cocinarlos al gusto de cada comensal es complicado, por lo que la he simplificado cortando la carne fina y friéndola brevemente. Es un plato de sabor intenso, con ingredientes clave como la salsa marrón inglesa y la Worcestershire, y el arroz le va perfecto. ¡Ah! ¡Y la cebolla queda genial!

Raciones: 4
Preparación: 5 min
Cocción: 15 min

INGREDIENTES

BISTEC

redondo de ternera, cortado fino en diagonal para obtener trozos planos, delgados y anchos ..... unos 400 g (14 oz)
salsa de soja oscura ..... 1 cucharada
harina fina de maíz ..... 1 cucharadita
aceite vegetal ..... 2 cucharadas

SALSA

aceite vegetal ..... 1 cucharadita
cebolla grande, en rodajas finas 1
salsa marrón inglesa ..... 6 cucharadas generosas
salsa Worcestershire ..... 3 cucharadas
salsa de soja clara ..... 1 cucharada
azúcar granulado ..... 1 cucharada
pimienta ..... una pizca
sal

ELABORACIÓN

Mezcla las tiras de carne en un bol con la salsa de soja y la harina de maíz y déjalas reposar al menos 5 minutos o cubiertas toda la noche en el frigorífico.

Calienta el aceite vegetal en un wok o una sartén a fuego fuerte, añade la carne, fríela brevemente un par de minutos y luego retírala del wok o de la sartén.

Para la salsa, calienta el aceite vegetal en el mismo wok o sartén (no lo limpies) a fuego fuerte, añade la cebolla y unas gotas de agua y fríe un par de minutos la cebolla hasta que se ablande y se dore un poco. A continuación, agrega el resto de los ingredientes de la salsa (excepto la sal) y deja que burbujeen y se reduzcan durante un par de minutos.

Añade la carne a la salsa, remueve y déjala cocer un par de minutos más. Prueba y rectifica de condimento: debe tener un sabor fuerte, de modo que puedes añadir más salsa marrón inglesa o Worcestershire.

Sirve con arroz muy caliente. A veces sobra algo de cebolla o de salsa: ¡una delicia para aprovecharlo al día siguiente!

TRUCO

Añade más verduras a la receta, como calabacín, setas y pimientos, para que cunda más.

PESCADO

La palabra china para pescado es *yu*, que también suena como la palabra para «abundancia» (*yoo*) si se habla mandarín. Uno de los símbolos populares de las fiestas de Año Nuevo es la imagen de un niño con una carpa. Según el fengshui, los peces y el elemento agua representan prosperidad, buena fortuna y abundancia. Por eso, en las grandes celebraciones se sirve pescado y marisco.

Yo crecí en Lisburn, una ciudad de Irlanda del Norte, donde los pescaderos y verduleros ponían puestos semanales, a los que mi madre iba cada martes: teníamos la suerte de contar con pescados que no acostumbran a consumirse entre semana, como langosta o rodaballo.

CAPÍTULO DOS

Langostinos picantes

En la cocina china, el pescado y el marisco se disfrutan al completo: con espina, con piel e incluso con concha, pues todo ello añade más sabor. Este es un plato para chuparse los dedos que mi madre preparaba cuando encontraba langostinos frescos los martes. ¡A mis hijos les encantan los langostinos cocinados de todas formas!

Raciones: 4
Preparación: 5 min
Cocción: 15 min

INGREDIENTES

langostinos frescos	500 g (1 lb 2 oz)
aceite vegetal	2 cucharadas
un trozo de jengibre fresco, en rodajas	15 g (½ oz)
dientes de ajo, picados	3
copos de guindilla o aceite picante (véase Aceite picante de Suzie, p. 48)	1 cucharadita
kétchup	4 cucharadas
azúcar	2 cucharaditas
vinagre de vino de arroz	2 cucharadas
vino de Shaoxing	2 cucharadas
cebolletas grandes, troceadas	4

ELABORACIÓN

Limpia los langostinos y practica una incisión a lo largo del dorso para retirar los intestinos.

Calienta el aceite vegetal en un wok o una sartén grande a fuego fuerte. Añade el jengibre y el ajo y fríelos un par de minutos hasta que desprendan su aroma; ve con cuidado para que no se quemen y ajusta el fuego si empiezan a pegarse. Añade los copos de guindilla o el aceite picante y sofríe 1 minuto más. A continuación, agrega el kétchup, el azúcar y el vinagre, y deja que todo burbujee un par de minutos. Incorpora por último el vino de Shaoxing y unas gotas de agua. Deja cocer y reducir un par de minutos, y añade los langostinos y remueve para que se impregnen bien de la salsa. Tapa el wok o la sartén y deja cocer los langostinos al vapor unos 5 minutos. Retira la tapa y sigue removiendo hasta que los langostinos queden bien hechos: el tiempo dependerá del tamaño de los mismos.

Al final, incorpora la cebolleta y sirve.

TRUCO

Si no dispones de langostinos frescos, prepara la receta con langostinos descongelados.

Pescado entero al vapor estilo Hong Kong

Este es un plato simple, pero delicioso: la carne del pescado queda suave y sedosa, y el jengibre, la cebolleta y la salsa de soja aportan un buen toque de sabor. Los chinos creen que hay que cocer el pescado al vapor con la cabeza y la cola porque representa la familia como unidad entera. Por tanto, si el pescado no te cabe en la vaporera, córtalo por la mitad en lugar de retirar la cabeza o la cola, porque trae mala suerte.

Raciones: 2
Preparación: 5 min
Cocción: 20 min

INGREDIENTES

un buen manojo de cebolletas, con las partes blancas cortadas a lo largo y las verdes en bastoncitos (conservadas en un bol de agua fría)	2
lubina o dos pescados blancos más pequeños, limpios y sin tripas (sin cabeza, si lo deseas)	500 g / 1 lb 2 oz
jengibre fresco, en bastoncitos	15 g (½ oz)
aceite vegetal	2 cucharadas
salsa de soja clara	4 cucharadas

ELABORACIÓN

Prepara la vaporera: llena la parte inferior con agua hasta la mitad y lleva a ebullición a fuego fuerte.

Dispón las partes blancas de la cebolleta en una fuente resistente al calor que quepa en la vaporera; añade el pescado y reparte el jengibre por encima. Colócala en la vaporera y deja cocer unos 12 minutos. Pasados 12 minutos, apaga el fuego y deja la tapa puesta 2 minutos más.

Calienta el aceite vegetal en un cazo pequeño hasta que hierva (compruébalo con la punta de una cuchara de madera: deben formarse burbujitas alrededor).

Quita la tapa de la fuente, espolvorea las partes verdes de la cebolleta sobre el pescado y vierte el aceite hirviendo encima para que se «frían» levemente la cebolleta y el jengibre. Vierte la salsa de soja sobre el pescado, retira la fuente de la vaporera con cuidado y sirve.

TRUCOS

Si usas otro tipo de pescado, asegúrate de que quepa en la vaporera y cocínalo durante 12 minutos por cada 500 g (1 lb 2 oz) de peso.

El pescado entero también puede sustituirse por el peso equivalente en filetes de pescado.

Croquetas de pescado con salsa ácida

Siempre pedíamos estas croquetas cuando salíamos a tomar dim sum con la familia en China. Estas las he preparado con una buena proporción de calamar para conseguir una textura suave. La salsa agridulce con ajo les va como anillo al dedo.

Salen: 10 croquetas
Preparación: 10 min
Cocción: 20 min

INGREDIENTES

aceite vegetal .... 4 cucharadas
harina fina de maíz, para espolvorear .... 4 cucharadas colmadas

SALSA

azúcar granulado .... 1 cucharada
vinagre de vino de arroz .... 1 cucharada
chile, picado fino 1
dientes de ajo, picados finos 2

CROQUETAS DE PESCADO

calamares (sin la cabeza) .... 150 g (5 oz)
filetes de pescado blanco, como lubina, panga o abadejo, sin piel ni espinas .... 200 g (7 oz)
diente grande de ajo, picado fino 1
sal .... ½ cucharadita colmada
pimienta blanca .... ½ cucharadita colmada
aceite de sésamo tostado .... 1 cucharadita
harina fina de maíz .... 1 cucharada colmada
cebolleta grande, en rodajas finas 1

ELABORACIÓN

Seca el pescado con papel de cocina.

Para preparar la salsa, pon el azúcar, el vinagre de arroz y 100 ml (3½ fl oz / ½ taza escasa) de agua en un cazo pequeño y lleva a ebullición. Incorpora el chile y el ajo; retira el cazo del fuego y resérvalo para que haga infusión.

Corta el calamar en trocitos y repártelo entre dos boles; pon 100 g (3½ oz) en uno y 50 g (1¾ oz) en el otro. Pon los 100 g (3½ oz) de calamar y los filetes de pescado en el vaso del procesador de alimentos con el ajo, la sal, la pimienta, el aceite de sésamo y la harina de maíz y tritúralo bien. Añade la cebolleta y tritura con dos pulsaciones. Retira la cuchilla del vaso y añade los 50 g (1¾ oz) de trozos de calamar restantes (aportarán textura) y mezcla con una cuchara de madera.

Calienta el aceite vegetal en un wok o una sartén antiadherente a fuego fuerte y remuévelo con cuidado para que toda la superficie se impregne. Añade la harina de maíz en un bol; moja una cuchara con agua fría y úsala para tomar una buena porción de la mezcla de pescado y añadirla a la harina; dale la vuelta con cuidado para rebozarla. Así se crea una barrera y confiere a las croquetas un exterior crujiente.

Sumerge las croquetas de dos en dos en el aceite caliente y fríelas durante 1 minuto por cada lado hasta que se doren. Sácalas con cuidado y déjalas sobre papel de cocina para que se escurran. Sírvelas con la salsa.

TRUCO

Si has comprado más calamar del que necesitas para la receta, congélalo y aprovéchalo para los Fideos crujientes con pescado (véase p. 82).

Vieiras al ajo con fideos de cristal

Puede parecer que se trata de un plato caro, pero las vieiras no lo son tanto. Por suerte, en Irlanda del Norte disponemos de vieiras de dos tamaños todo el año. Si no puedes conseguirlas, usa langostinos grandes con cáscara. Existen diversas formas de preparar este plato, que suele servirse en los grandes banquetes por la relación del pescado con la prosperidad y la buena fortuna.

Raciones: 4
Preparación: 10 min
Cocción: 4–8 min

INGREDIENTES

- fideos de cristal secos (elaborados con judía mungo o almidón de guisante) ..... 50 g (1¾ oz)
- aceite vegetal ..... 1 cucharada
- salsa XO ..... 2 cucharadas
- dientes grandes de ajo, picados finos o rallados 2
- vieiras frescas grandes (conserva el coral si lo deseas) 8
- conchas de vieiras limpias (opcional) 8
- salsa de soja clara ..... 4 cucharadas
- azúcar granulado ..... 1 cucharadita rasa
- agua ..... 50 ml (1¾ fl oz / 3½ cucharadas)
- cebolleta en rodajas finas o cilantro, para servir

TRUCO

La salsa XO es uno de los ingredientes estrella de los Fideos udon con salsa XO (véase p. 128). También puedes añadir una cucharada al Bol de fideos instantáneos (véase p. 118).

ELABORACIÓN

Lleva a ebullición una olla de agua y luego retírala del fuego. Añade los fideos de cristal y remueve unos 30 segundos. Escúrrelos, aclráralos con agua fría en un colador y resérvalos. Procura no cocerlos en exceso para que conserven una textura agradable.

Limpia y seca la olla, y a continuación añade el aceite, la salsa XO y el ajo, y remueve a fuego fuerte durante un par de minutos. Retira del fuego y reserva.

Prepara la vaporera; llena la parte inferior con agua hasta la mitad y lleva a ebullición a fuego fuerte.

Si usas conchas de vieiras, reparte los fideos rehidratados entre las 8 conchas o ponlos en una fuente plana resistente al calor. Si cueces las vieiras en sus conchas, es posible que solo te quepan cuatro en la vaporera, de modo que deberás cocinarlas en dos tandas.

Añade una vieira sobre cada concha rellena de fideos o ponlas sobre la fuente. Aliña cada una con 1 cucharadita de la mezcla de salsa XO y ajo. No limpies la olla donde has preparado esta mezcla; añade en ella la salsa de soja, el azúcar y el agua, y lleva a ebullición.

Cuece las vieiras al vapor durante unos 4 minutos (repite la operación si hacen falta dos tandas).

Cuando las saques, vierte un poco de aliño sobre los fideos bajo las vieiras calientes y decora con la cebolleta o con cilantro.

Mejillones con salsa de jengibre y cebolleta

La langosta con jengibre y cebolleta es un plato de celebración típico de banquetes de boda y de Año Nuevo. Mi madre lo preparaba en ocasiones especiales o en temporada de langostas, y en los últimos años de su vida, lo servía cada vez que mis hermanas universitarias nos visitaban. Aquí uso mejillones porque no son tan caros y resultan más fáciles de encontrar.

Raciones: 4
Preparación: 20 min
Cocción: 5-7 min

INGREDIENTES

- mejillones ... 1 kg (2 lb 4 oz)
- aceite vegetal ... 1 cucharada
- cebolla, en láminas finas ... 1
- un manojo grande de cebolletas, con las partes blancas en rodajas finas y las verdes en trozos más grandes ... 2
- un trozo de jengibre fresco, en rodajas finas ... 40 g (1½ oz)
- salsa de soja clara ... 1 cucharada
- salsa de ostras ... 2 cucharadas
- aceite de sésamo tostado ... ½ cucharada
- pimienta blanca ... ¼ de cucharadita
- cerveza rubia suave ... 200 ml (7 fl oz / 1 taza escasa)

ELABORACIÓN

Limpia los mejillones: retira los restos de las conchas y las «barbas». Coloca los mejillones en un colador y lávalos con agua. Luego sumérgelos en un bol con agua fría durante al menos 20 minutos para que suelten la arena (los mejillones respirarán y «escupirán» la arena). Desecha los que queden abiertos al golpearlos o los que presenten las conchas rotas.

Calienta el aceite vegetal en un wok o una sartén grande a fuego fuerte. Añade la cebolla, las partes blancas de la cebolleta y el jengibre, y sofríe 1 minuto hasta que desprendan sus aromas.

Añade la salsa de soja, la salsa de ostras, el aceite de sésamo y la pimienta blanca, y deja que todo se sofría 1 minuto; luego incorpora los mejillones y remueve. Añade la cerveza y mezcla; pon la tapa y déjalo cocer todo 3 minutos a fuego fuerte. Quita la tapa y comprueba si se han abierto las conchas.

Si los mejillones no se han abierto, sacude el wok o la sartén con la tapa y déjalos cocer 1-2 minutos más, hasta que se abran. No los cuezas demasiado porque quedarían duros. Si alguno sigue cerrado tras cocerlos, no intentes abrirlo: deséchalo inmediatamente. Incorpora las partes verdes de la cebolleta y tápalo hasta el momento de servir.

Pescado crujiente con salsa de maíz

Este es otro plato de mi infancia, el favorito de todos los miembros de la familia en Hong Kong. Es perfecto para madres y padres ajetreados: los niños se lo comen contentos y, además, cumple los requisitos como plato nutritivo y saludable. El pescado puede prepararse con antelación y congelarse (antes de freírlo), con lo que se ahorra tiempo cuando hay prisa por servir la cena.

Raciones: 4
Preparación: 5 min
Cocción: 10 min

INGREDIENTES

aceite vegetal, para freír

PESCADO

filetes de pescado blanco como abadejo, bacalao o eglefino, troceados ... 500 g (1 lb 2 oz)
sal ... ½ cucharadita
pimienta blanca ... ½ cucharadita
huevos grandes, batidos ... 2
harina fina de maíz ... 100 g (3½ oz / ½ taza escasa)
harina blanca ... 100 g (3½ oz / ¾ de taza)

SALSA DE MAÍZ

lata de maíz cremoso ... 400 g (14 oz)
caldo de pollo ... 400 ml (13 fl oz / 1½ tazas)
ajo en polvo ... 1 cucharadita
sal ... ½ cucharadita
pimienta blanca ... ¼ de cucharadita
guisantes congelados ... 150 g (5 oz)
maíz dulce fresco o en lata ... 150 g (5 oz)
pasta de harina fina de maíz ... 2 cucharaditas
huevos grandes, batidos ... 2

ELABORACIÓN

Precalienta el horno a 180 °C con ventilador (400 °F / gas 6).

Vierte el aceite vegetal en una sartén hasta una profundidad de unos 2 cm (¾ in). Para probar si está listo, hunde la punta de una cuchara de madera: debe burbujear enseguida.

Salpimienta los trozos de pescado. Añade los dos huevos batidos a un plato plano y mezcla la harina de maíz y la blanca en otro plato plano. Moja el pescado condimentado en el huevo batido; luego pásalo por la harina y rebózalo. Sacude los trozos para que no se peguen entre ellos.

Fríe el pescado por tandas en el aceite caliente durante 5 minutos hasta que se dore. Déjalo en una bandeja o fuente y mételo en el horno para mantenerlo caliente y crujiente mientras acabas de freír todos los trozos.

Para la salsa de maíz, añade el maíz cremoso, el caldo de pollo, el ajo en polvo, la sal y pimienta, los guisantes y los granos de maíz a un wok; llévalo todo al punto de ebullición y déjalo cocer 5 minutos. Prueba la salsa por si hace falta rectificar los condimentos. Añade la pasta de harina de maíz y deja que espese; remueve la salsa, añade los huevos batidos y sigue removiendo para formar tiras de huevo cocido. Deja cocer otros 30 segundos. Añade el pescado, remueve y sirve enseguida con un bol de arroz cocido caliente.

MENÚ

Una comida china suele estar formada de al menos dos platos, uno de carne y otro vegetal, y siempre se sirve con un bol de arroz basmati caliente.

ENTRANTE

PESCADO CRUJIENTE CON SALSA DE MAÍZ

(véase p. 42)

PRINCIPAL

COL CHINA CON SETAS SHIITAKE

(véase p. 46)

POSTRE

NATILLAS DE MANGO

(véase p. 164)

VERDURA

Los platos vegetarianos (*so coi*) siempre han formado parte de la cocina china. Mis familiares son budistas, fe contraria al consumo de animales, y en la que las verduras de sabor fuerte, como la cebolla y el ajo, están prohibidas porque se cree que excitan los sentidos. Los platos vegetarianos budistas se conocen como *jai choi*.

Aunque nosotros no éramos budistas estrictos, mi madre preparaba platos sin carne. Hoy en día, el concepto de comidas sin carne es la norma, igual que utilizar ingredientes como el tofu. He modificado algunos platos que me encantan y he elaborado algunos nuevos: espero que te gusten.

CAPÍTULO TRES

Col china con setas shiitake

La col china (*choi sum*) es rápida y fácil de preparar, y se encuentra todo el año. Este es un plato muy versátil que puedes hacer con las verduras que tengas a mano. A mí me gusta añadirle *kai lan* (brócoli chino): me encanta la textura que aporta, ¡siempre que no se cocine en exceso! Puedes cocer las hortalizas al vapor o sofreírlas; yo las corto en trozos similares para que la cocción sea uniforme.

Raciones: 2 como plato principal o 4 como guarnición
Preparación: 5 min, más 10 min de remojo
Cocción: 15 min

INGREDIENTES

setas shiitake secas .... 60 g (2¼ oz)
o shiitake o champiñón marrón fresco .... 300 g (10½ oz)
aceite vegetal .... 1 cucharada
diente grande de ajo, en láminas finas 1
un trozo de jengibre fresco, en rodajas finas .... 10 g (¼ oz)
choi sum, *kai lan*, brócoli bimi, vegetal de hojas verdes, judías verdes, kale o acelga, en trozos de 4-5 cm (1,5-2 in) .... 200 g (7 oz)
líquido de remojo de las setas o caldo vegetal .... 200 ml (7 fl oz / 1 taza escasa)
salsa de soja clara .... 1 cucharadita
salsa de ostras .... 1 cucharadita
pasta de harina fina de maíz (opcional) .... 2 cucharaditas
sal marina y pimienta negra recién molida

ELABORACIÓN

Si usas shiitake secas, déjalas en un bol resistente al calor y cúbrelas con agua hirviendo (al menos 200 ml / 7 fl oz / 1 taza escasa). Coloca un bol pequeño o un colador encima para asegurarte de que todas las setas queden sumergidas y deja que se rehidraten durante al menos 10 minutos. Escúrrelas y reserva el líquido del remojo.

Corta en láminas gruesas las setas rehidratadas (o frescas).

Calienta el aceite vegetal en un wok o una sartén a fuego fuerte, añade el ajo y el jengibre y sofríelos un par de minutos, procurando que no se quemen. Añade las verduras y remueve; añade a continuación las setas con el líquido del remojo (o caldo vegetal, si usas setas frescas), la salsa de soja y la salsa de ostras. Cubre con tapa y deja cocer 5 minutos a fuego fuerte, hasta que las verduras queden tiernas. Prueba y rectifica los condimentos.

Si deseas una salsa más espesa, añade la pasta de maíz y lleva la mezcla a ebullición.

Dados de tofu crujientes con aceite picante de Suzie

Me gusta mucho el tofu, y este plato lo ideé después de preparar una tanda de barritas de cacahuete y sésamo con las semillas de sésamo que me sobraron. Mi aceite picante se prepara rápido y aporta un toque especial a muchos platos. Solo precisarás un par de cucharadas para esta receta, pero con estas medidas tendrás para todas las recetas del libro.

Raciones: 4
Preparación: 15 min
Cocción: 30 min

INGREDIENTES

tofu extrafirme, en dados del tamaño de un bocado secados sobre papel de cocina .... 400 g (14 oz)
semillas de sésamo blanco, y más para espolvorear .... 80 g (3 oz)
aceite vegetal, para freír
cebolletas, en rodajas, para decorar

MARINADO

aceite de sésamo tostado .... 1 cucharadita
salsa de soja oscura .... 1 cucharadita
sal .... ¼ de cucharadita
pimienta blanca .... ½ cucharadita
huevo pequeño 1
harina fina de maíz .... 1 cucharadita

SALSA

Aceite picante de Suzie (véase más abajo) .... 2 cucharadas
salsa hoisin .... 4 cucharadas
dientes de ajo, picados finos 2
azúcar granulado .... 2 cucharaditas
copos de guindilla, al gusto (opcional)

ACEITE PICANTE DE SUZIE (PARA 1 TARRO GRANDE, O 2-3 PEQUEÑOS)

aceite de cacahuete o aceite vegetal .... 250 ml (8½ fl oz / 1 taza)
semillas de sésamo .... 4 cucharadas
copos de guindilla .... 1 cucharada colmada
chile en polvo .... 1 cucharadita
polvo de cinco especias chinas .... ½ cucharadita
aceite de sésamo .... ½ cucharadita
dientes de ajo, picados finos 2
pimienta blanca .... ½ cucharadita
sal .... ½ cucharadita
salsa de soja oscura .... 3 cucharadas

ELABORACIÓN

Mezcla todos los ingredientes para el marinado en un bol con un tenedor. Añade los dados de tofu, remueve y deja reposar al menos 5 minutos o, si lo preparas con antelación, déjalo cubierto en el frigorífico toda la noche.

Cuando vayas a cocinar el tofu, pon todas las semillas de sésamo en un plato. Calienta unas 4 cucharadas del aceite vegetal en un wok o una sartén a fuego fuerte. Con cuidado, reboza bien el tofu marinado con las semillas de sésamo. Fríe el tofu en tandas. Retíralos del aceite con pinzas y escúrrelos sobre papel de cocina.

Cuando esté todo frito, limpia el wok o la sartén con papel de cocina, añade los ingredientes para la salsa y unas gotas de agua, y deja que reduzca unos 3-5 minutos hasta que espese. Añade el tofu y cuece unos minutos más. Esparce la cebolleta y las semillas de sésamo, y sirve.

PREPARACIÓN DEL ACEITE DE SUZIE

Lleva el aceite a ebullición en un cazo. Para probar si está listo, hunde la punta de una cuchara de madera: debe burbujear enseguida. Apaga el fuego y déjalo reposar 2 minutos.

Mientras, pon las semillas de sésamo en una sartén seca a fuego fuerte durante 2 minutos para que se doren. Introduce las semillas de sésamo tostadas, los copos de guindilla, el chile en polvo, las cinco especias chinas, el aceite de sésamo, el ajo, la pimienta y la sal en un tarro grande limpio, y, a continuación, añade con cuidado el aceite caliente.

Cuando esté frío del todo, añade la salsa de soja y mezcla. Se puede utilizar enseguida y se conserva en el frigorífico hasta 1 mes.

MENÚ

No existe la combinación perfecta para una comida china; en realidad, depende de ti y de lo que tengas a mano. Como ejemplo, este sencillo menú vegetariano se prepara con poco esfuerzo.

ENTRANTE

SOFRITO DE VERDURAS VARIADAS CON BROTES DE BAMBÚ Y CASTAÑAS DE AGUA

(véase p. 54)

PRINCIPAL

SETAS AL AJILLO

(véase p. 54)

POSTRE

TORRIJAS AL ESTILO HONG KONG

(véase p. 150)

Sofrito de verduras variadas con brotes de bambú y castañas de agua

Los brotes de bambú se presentan en diferentes variedades y hay que cocinarlos antes de consumirlos. Las castañas de agua, en cambio, pueden tomarse crudas o cocidas. Ambos ingredientes llevan siglos empleándose en la cocina china, y creo que son productos infravalorados. Siempre dispongo de un par de latas de cada uno en la despensa porque son ideales para complementar platos y sofritos como este.

Raciones: 4
Preparación: 5 min
Cocción: 15 min

INGREDIENTES

aceite vegetal ... 2 cucharadas
un trozo de jengibre fresco, en rodajas finas ... 10 g (¼ oz)
dientes de ajo, en láminas finas ... 2
chile rojo, en rodajas finas ... 1
cebolla, en láminas finas ... 1
zanahoria grande, pelada y en rodajas finas ... 1
tirabeques, cortados en diagonal ... 250 g (9 oz)
minimazorcas de maíz, laminadas en diagonal ... 250 g (9 oz)
lata de brotes de bambú, escurridos ... 225 g (8 oz)
lata de castañas de agua, escurridas ... 225 g (8 oz)
salsa de ostras o salsa vegetariana para sofreír ... 4 cucharadas
vino de Shaoxing ... 1 cucharada
aceite de sésamo tostado ... 1 cucharadita
caldo vegetal (opcional) ... 100-200 ml (3½-7 fl oz / ½-1 taza escasa)
pasta de harina fina de maíz (opcional) ... 2 cucharaditas
sal marina y pimienta negra recién molida

ELABORACIÓN

Calienta el aceite vegetal en un wok o una sartén a fuego fuerte. Añade el jengibre, el ajo y el chile, y sofríelos 1 minuto, procurando que no se quemen: así soltarán su aroma. Añade la cebolla, la zanahoria, los tirabeques, el maíz, el bambú y las castañas, y remueve; a continuación, agrega la salsa de ostras (o el equivalente vegetariano), vino de Shaoxing y aceite de sésamo, y deja que todo se reduzca durante unos 5 minutos. Prueba y rectifica los sabores. Si deseas más salsa, añade 100-200 ml (3½-7 fl oz / ½-1 taza escasa) de caldo vegetal.

Si deseas una salsa más espesa, añade la pasta de maíz y lleva la mezcla a ebullición.

Disfruta del sofrito con arroz o fideos, o solo.

TRUCO

Usa los vegetales que tengas a mano: zanahorias, cebollas, calabacín, pimientos, setas... ¡Las opciones son infinitas!

Berenjenas rellenas con salsa de judías negras

Al principio, mi madre preparaba este plato con carne picada de cerdo y langostinos, una mezcla que usaba para rellenar pimientos, berenjenas y tofu. Freía los ingredientes para sellarlos y luego añadirlos a la vaporera hasta cocerlos por completo antes de completarlos con una rica salsa de judías negras. Yo adapté esta receta porque siempre guardo un relleno alternativo a la carne picada en el congelador.

Raciones: 4
Preparación: 15 min
Cocción: 25 min

INGREDIENTES

berenjena mediana 1
harina fina de maíz, para espolvorear .... 4 cucharadas
aceite vegetal, para freír
cebolletas, en rodajas finas, para decorar

RELLENO

carne picada vegetariana (marca Quorn) .... 100 g (3½ oz)
setas, picadas finas .... 50 g (1¾ oz)
cebolleta, cortada fina a lo largo 1
huevo pequeño 1
harina fina de maíz .... 1 cucharadita colmada
salsa de soja clara .... 1 cucharada
aceite de sésamo tostado .... 1 cucharadita
sal marina y pimienta negra recién molida .... una pizca

SALSA DE JUDÍAS NEGRAS

aceite vegetal
ajo, picado fino o rallado .... 1 cucharadita colmada
jengibre fresco picado fino .... 1 cucharadita
judías negras fermentadas secas, remojadas en agua y luego escurridas .... 1 cucharada
salsa de soja clara .... 2 cucharaditas
caldo vegetal en polvo .... 1 cucharadita
pasta de harina fina de maíz .... 2 cucharaditas

TRUCO

Para preparar las judías fermentadas, ponlas en un bol pequeño y cúbrelas con agua hirviendo. Déjalas reposar 15 minutos y escúrrelas justo antes de utilizarlas.

ELABORACIÓN

Corta la parte superior de la berenjena, pártela por la mitad y dispón las mitades, boca abajo, sobre una tabla de cortar. Córtalas en láminas de 1,5 cm (⅝ in): parecerán semicírculos si los miras de lado. Luego practica un corte en el centro, desde la piel hasta 3-4 mm (⅛-¼ in) de la base carnosa (vigila para no cortarla del todo).

Mezcla los ingredientes del relleno en un bol. Con una cucharilla, mete el relleno en el hueco de la berenjena cortada. Repite la operación hasta acabar el relleno o la berenjena; a continuación, espolvorea los lados de la berenjena con un poco de harina fina de maíz.

Prepara una vaporera o la olla (con trípode) para cocer al vapor, y lleva el agua a ebullición.

Calienta 3 cucharadas del aceite vegetal en un wok o una sartén a fuego fuerte, añade la berenjena y fríela hasta que se empiece a dorar. Tendrás que hacerlo por tandas. Pon la berenjena en una fuente resistente al calor que quepa en la vaporera u olla. Pon la fuente en la vaporera u olla y cuece la berenjena unos 10 minutos, hasta que se ablande. Retírala del fuego.

Para la salsa, calienta unas gotas de aceite en una sartén a fuego fuerte, añade el ajo y el jengibre y sofríelos unos 30 segundos; luego añade las judías, la salsa de soja, el caldo en polvo y 200 ml (7 fl oz / 1 taza escasa) de agua. Deja que se reduzca durante unos 5 minutos, prueba y rectifica los condimentos. Para espesar, añade la pasta de harina de maíz y lleva a ebullición.

Vierte la salsa sobre la berenjena rellena y decora con cebolleta.

Setas al ajillo

Me encantan las setas, y esta receta rinde un homenaje a los humildes y deliciosos hongos. Aquí empleo setas variadas, secas y frescas, e introduzco las flores o los capullos de lirio secos, disponibles en tiendas de alimentación asiática o en internet. Aportan sabor a tierra y una asombrosa textura. Pero este plato no se limita al uso de setas. El ajo combina casi con todo, por lo que puedes añadir las verduras que desees.

Raciones: 4
Preparación: 10 min, más al menos 15 min de remojo
Cocción: 25 min

INGREDIENTES

hongos negros secos .... 15 g (½ oz)
flores o capullos de lirio secos .... 15 g (½ oz)
aceite vegetal .... 2 cucharadas
dientes grandes de ajo, en láminas finas 3
salsa de ostras o salsa vegetariana para sofreír .... 4 cucharadas
vino de Shaoxing .... 1 cucharada
champiñones blancos, partidos por la mitad o en cuartos .... 50 g (1¾ oz)
champiñones marrones, partidos por la mitad o en cuartos .... 50 g (1¾ oz)
lata de hongos de la paja de arroz enteros en agua .... 425 g (15 oz)
pak choi, partida por la mitad a lo largo .... 125 g (4½ oz)
sal marina y pimienta negra recién molida
pasta de harina fina de maíz .... 2 cucharaditas

ELABORACIÓN

Rehidrata los hongos negros y las flores de lirio con agua hirviendo, en boles separados, durante al menos 15 minutos. (Puedes dejarlos en remojo hasta 1 hora.) Conserva el agua del remojo.

Calienta el aceite vegetal en un wok o una sartén a fuego fuerte, añade el ajo y fríelo 2-3 minutos; a continuación, añade la salsa de ostras (o equivalente vegetariano) y el vino de Shaoxing, y cocínalo todo unos minutos más. Incorpora los hongos negros, las flores de lirio, los champiñones blancos, los champiñones marrones y los hongos de la paja con el agua de la lata, y agrega unos 250 ml (8½ fl oz / 1 taza) del líquido del remojo de los hongos negros y las flores.

Deja cocer 10 minutos para que los sabores se integren, y luego añade la pak choi y cocínalo todo 5 minutos más. Prueba y rectifica de sal y pimienta.

Si quieres más salsa, añade más líquido del remojo, y prueba y rectifica de sal. Para espesar la salsa, añade la pasta de harina de maíz y lleva a ebullición; luego deja reducir unos minutos antes de retirarla del fuego.

Este plato resulta delicioso acompañado de un bol de arroz o mezclado con fideos.

TRUCO

Los hongos negros y las flores de lirio también se usan para la Sopa agripicante (véase p. 137) y pueden añadirse a otros sofritos.

Sofrito de dados de tofu esponjosos

Los dados de tofu frito esponjosos constituyen un ingrediente versátil ideal para añadir a sofritos, sopas, estofados y curris. Son como esponjas y absorben el sabor del plato para que lo disfrutes con cada bocado.

Raciones: 4
Preparación: 30 min, incluidos 20 min de remojo
Cocción: 20 min

INGREDIENTES

- setas shiitake secas ... 40 g (1½ oz)
- aceite vegetal ... 1 cucharada
- dientes de ajo, en láminas finas ... 2
- un trozo de jengibre fresco, en rodajas finas ... 10 g (¼ oz)
- salsa de ostras o salsa vegetariana para sofreír ... 3 cucharadas generosas
- salsa de soja clara ... 2 cucharaditas
- aceite de sésamo tostado ... 1 cucharadita
- cubos de tofu frito esponjosos ... 250 g (9 oz)
- media zanahoria, pelada, en rodajas finas en diagonal ... 1
- hortalizas de hoja verde de temporada (opcional) ... unos 100 g (3½ oz)
- sal marina y pimienta negra recién molida
- cebolletas, cortadas en diagonal, para decorar ... 2

ELABORACIÓN

Remoja las setas shiitake en 500 ml (17 fl oz / 2 tazas) de agua recién hervida durante al menos 15 minutos. Utiliza una jarra resistente al calor para ver fácilmente la cantidad de agua empleada. Las setas pueden quedar en remojo hasta 1 hora. Escúrrelas y conserva el líquido del remojo para la salsa.

Calienta el aceite vegetal en un wok o una sartén a fuego fuerte; añade el ajo y el jengibre y sofríelos 2 minutos. Agrega la salsa de ostras (o el equivalente vegetariano), la salsa de soja, el aceite de sésamo y el líquido del remojo de las setas; a continuación incorpora los dados de tofu esponjoso y deja cocer 10 minutos.

Añade los hongos shiitake, la zanahoria y las hojas verdes (si usas) y deja cocer 10 minutos más, hundiendo los dados de tofu para que se sumerjan en la salsa de cocción. Los sabores tienen que penetrar en cada dado de tofu.

Prueba y rectifica los condimentos. Emplata y decora con la cebolleta.

TRUCO

Los dados de tofu esponjosos pueden sustituir a la carne en la receta de Ternera con salsa de judías negras (véase p. 144).

DIM SUM Y DUMPLINGS

De pequeña, tuve la suerte de poder disfrutar de la gastronomía de Hong Kong. Me encantaba salir a desayunar al estilo dim sum (*yum cha*), la antigua tradición china de tomar té junto con platillos para picar. La variedad de dim sum va desde las patas de pollo asadas hasta el cerdo (*siu mai*) y los langostinos (*haa gaau*).

El dim sum no solo es un tipo de comida famoso en Hong Kong, sino que, además, comerlo es una de las experiencias culinarias más divertidas y deliciosas. Mis hijos piden dumplings dim sum cada semana, de modo que he ideado algunas recetas para prepararlos con los ingredientes disponibles en mi tienda habitual.

CAPÍTULO CUATRO

Dumplings de langostino

El dim sum no es dim sum sin langostinos (*haa gaau*) o carne de cerdo (*siu mai*). Estos dumplings envueltos en suaves obleas se consideran un clásico del dim sum. El envoltorio debe presentar al menos siete pliegues y ser fino y translúcido, pero también resistente para que no se rompa al cogerlo, de modo que sea posible tomarlo todo de un bocado. Esta receta, que no presenta demasiadas complicaciones, será el primer paso de tu viaje para preparar dumplings desde cero.

Salen: 16 dumplings
Preparación: 25 min
Cocción: 12-16 min

INGREDIENTES

rodajas finas de zanahoria pelada para el *haa gaau* (opcional) 16
obleas para won ton (o véase la receta de Masa para enrollados, p. 10) 16

RELLENO DE LANGOSTINO

langostinos, pelados y troceados ..... 75 g (2½ oz)
langostinos, pelados y picados finos ..... 175 g (6 oz)
aceite de sésamo tostado ..... 1 cucharadita
aceite vegetal ..... 1 cucharada
jengibre fresco rallado ..... 1 cucharadita colmada
brotes de bambú, picados finos ..... 50 g (1¾ oz)
sal ..... ¼ de cucharadita
pimienta blanca ..... ¼ de cucharadita
azúcar granulado ..... ½ cucharadita
salsa de ostras ..... 2 cucharaditas
harina fina de maíz ..... 1 cucharadita colmada

ELABORACIÓN

Añade todos los ingredientes del relleno en un bol y mézclalos bien. Cubre la mezcla y consérvala en el frigorífico hasta que la necesites.

Si preparas la masa desde cero, sigue las instrucciones de la página 10.

Prepara la vaporera: llena la parte inferior con agua hasta la mitad y llévala a ebullición a fuego fuerte. No coloques la parte superior de la vaporera (la agujereada) para poder disponer los *haa gaau* en su interior cuando estén listos para cocer.

Ponte una oblea en la palma de la mano, dispón una cucharadita del relleno en el medio y luego tómala con ambas manos. Dobla un lado y con los dedos forma un pliegue con la masa del lado opuesto, y pellizca para cerrarlo. Repite el proceso tantas veces como puedas hasta encerrar todo el relleno. Si queda demasiada masa en la parte superior, córtala con unas tijeras. Debe quedar redondo en la base y plegado en la parte superior (véase la imagen de la p. 64). Repite la operación con el resto de las obleas y el relleno. Coloca cada dumpling sobre una rodaja de zanahoria (si la usas) o forra el interior de la parte de arriba de la vaporera con un disco de papel vegetal agujereado y, a continuación, reparte los dumplings encima (seguramente, deberás cocerlos por tandas). Tapa y cuece al vapor 6-8 minutos, hasta que queden hechos y casi transparentes. Sírvelos enseguida. ¡Resultan deliciosos con mi salsa picante (véase pág. 48), con salsa de soja o solos!

Dumplings de cerdo y langostino

El cerdo (*siu mai*) es otro ingrediente clásico del dim sum que se combina con langostinos (*haa gaau*). La oblea de won ton, en forma de tacita, se rellena con carne de cerdo, langostinos y setas, y se cuece al vapor para ofrecer una explosión de sabor en un solo bocado. Es tradicional decorar el *siu mai* con huevas de pescado, pero para esta receta uso zanahoria rallada.

Salen: 24 dumplings
Preparación: 10 min
Cocción: 10-20 min

INGREDIENTES

obleas para won ton (de tu supermercado oriental) 24
zanahoria, pelada y rallada 1

RELLENO DE CERDO Y LANGOSTINO

salsa de soja clara .... 2 cucharaditas
langostinos, picados finos .... 125 g (4½ oz)
carne picada de cerdo (al menos con 15 % de grasa) .... 250 g (9 oz)
setas shiitake, en daditos (o 10 g / ½ oz de shiitake secas en remojo según las instrucciones del envase, si no encuentras frescas) .... 30 g (1 oz)
parte blanca de cebolleta en daditos .... 2 cucharaditas colmadas
jengibre fresco rallado o jengibre molido .... 1 cucharadita
sal .... ½ cucharadita
azúcar .... ¼ de cucharadita
pimienta .... una pizca
vino de Shaoxing .... 2 cucharaditas
aceite de sésamo tostado .... 1 cucharadita
salsa de ostras .... 2 cucharaditas
harina fina de maíz .... 1½ cucharaditas

ELABORACIÓN

Añade todos los ingredientes del relleno en un bol y mézclalos bien. (Si lo deseas, puedes trocear los langostinos, las setas y la cebolleta bastamente, y luego triturarlo todo en el procesador de alimentos.) Cubre la mezcla y consérvala en el frigorífico hasta que la necesites.

Prepara la vaporera: llena la parte inferior con agua hasta la mitad y llévala a ebullición a fuego fuerte. No coloques aún la parte superior de la vaporera (la agujereada).

Con una mano girada de modo que tu pulgar y tu índice queden en sentido horizontal, une estos dos dedos y, a continuación, pasa una oblea de won ton por el círculo hueco que forman los dedos. Con una cucharadita, rellena la oblea hasta arriba. Algunas partes del borde de la oblea sobresaldrán: déjalas así o mételas hacia el lado con un poco de agua. Añade una pizca de zanahoria rallada sobre cada *siu mai*.

Forra el interior de la vaporera con un disco de papel vegetal agujereado y reparte los *siu mai* por el interior un poco separados (seguramente, deberás cocerlos por tandas). Tapa y cuece al vapor 8-10 minutos. Cómelos inmediatamente.

TRUCO

Estos deliciosos dumplings se pueden congelar (añade unos 5 minutos más de cocción al vapor si los cocinas congelados), por lo que es práctico preparar el doble y conservarlos en el congelador para cuando te apetezcan.

Dumplings de
langostino 61

Dumplings de cerdo y langostino 62

Sopa congee de pollo con bastoncitos fritos

En los hogares chinos, se suele añadir más agua a la olla del arroz para que cunda en forma de gachas de arroz o sopa congee. Mi madre solía preparar este plato cuando nos estaba destetando y también, como en muchas familias chinas, cuando estábamos enfermos. Es una receta reconfortante. La sopa congee puede ser básica y sencilla, pero los ingredientes y los sabores opcionales son infinitos. Los bastoncitos fritos siempre acompañan esta sopa (al menos, según mi experiencia).

Salen: 10 bastoncitos
Raciones: 4
Preparación: 20 min, más 1 h de fermentación
Cocción: 45 min

INGREDIENTES

CONGEE DE POLLO

pechuga de pollo, sin piel y en lonchas finas ..... 250 g (9 oz)
harina fina de maíz ..... 1 cucharadita
salsa de soja clara ..... 1 cucharadita
salsa de ostras ..... 1 cucharadita
arroz basmati ..... 100 g (3½ oz / ½ taza)
caldo de pollo en polvo ..... ½ cucharadita
un trozo de jengibre fresco, en rodajas finas ..... 10 g (¼ oz)
sal marina y pimienta blanca

BASTONCITOS FRITOS

huevo grande 1
harina leudante, y más para espolvorear ..... 200 g (7 oz / 1⅔ tazas)
bicarbonato ..... ⅛ de cucharadita
sal ..... ¼ de cucharadita
aceite vegetal, y más para engrasar ..... 1 cucharada

PARA DECORAR

Un trozo de jengibre fresco, en rodajas finas ..... 40 g (1½ oz)
cebolletas, en rodajas finas 2

ELABORACIÓN

Añade el pollo a un bol con la harina de maíz, la salsa de soja y la salsa de ostras. Cubre el pollo y déjalo reposar durante al menos 1 hora 15 minutos o toda la noche en el frigorífico.

Para la masa de los bastones, sigue las instrucciones de la página 10.

Enjuaga el arroz tres veces con agua fría en un bol (llénalo con agua nueva cada vez que lo aclares). Lleva 1 l (34 fl oz / 4 tazas) de agua a ebullición. Añade el caldo en polvo y el arroz y remueve. Vuelve a llevar a ebullición. Baja el fuego, tápalo (sin cerrar bien) y cuece unos 25-30 minutos, removiendo de vez en cuando. Una vez el arroz esté cocido, remueve rápido con una cuchara de madera o un batidor de globo para que los granos queden esponjados. Añade el pollo marinado despacio para que los trozos no se peguen, sin dejar de remover. Añade el jengibre y cocínalo 2 minutos hasta cocer el pollo. Prueba y rectifica los condimentos.

Calienta 3-4 cm (1¼-1½ in) de aceite vegetal en un wok o una sartén a fuego fuerte para freír los bastones. Para probar si el aceite está listo, hunde la punta de una cuchara de madera: debe burbujear enseguida. Toma un bastoncito por los dos extremos, con ambas manos, y estíralo un poco, pero sin que pierda uniformidad; deslízalo en el aceite caliente con cuidado y fríelo unos 2 minutos por cada lado, dándole la vuelta. Escúrrelo sobre papel de cocina y repite la operación con el resto de los bastoncitos.

Sirve el plato con decoración de jengibre o cebolleta y con los bastoncitos aparte.

Empanadillas de pavo

Estos dumplings reciben distintos nombres; yo los conozco en cantonés como *wo tip*. La base de estas empanadillas debe quedar crujiente al freírlas. Los dumplings tradicionales se preparan con diferentes rellenos, como carne y verduras, y se envuelven con una oblea hecha en casa. Cada región china los prepara a su manera, de modo que la variedad es infinita. El cerdo constituye uno de los ingredientes más populares, pero he decidido jugar con la carne de pavo para obtener un resultado más magro.

Salen: 40 empanadillas
Preparación: 15 min, más 1 h de reposo
Cocción: 30 min

INGREDIENTES

obleas para gyoza (véase p. 10) 40

SALSA

vinagre de arroz (o cualquier otro) .... 2 cucharadas
salsa de soja clara .... 2 cucharadas
chile, en rodajas finas .... ½
aceite de sésamo tostado .... 1 cucharadita

RELLENO

aceite de sésamo .... 1 cucharadita
setas, picadas finas .... unos 100 g (3½ oz)
sal .... ½ cucharadita
carne picada vegetariana o de pavo (desmenuzada para que quede fina) .... 200 g (7 oz)
cebolletas, en rodajas finas 2
dientes grandes de ajo, rallados o picados 2
un trozo de jengibre fresco, rallado .... 15 g (½ oz)
aceite de sésamo .... 2 cucharaditas
huevo pequeño, batido 1
harina fina de maíz .... 2 cucharaditas
salsa de soja oscura .... 2 cucharaditas
pimienta .... ½ cucharadita
chile, picado fino (opcional) .... ½

PARA FREÍR

aceite vegetal .... 1 cucharadita
aceite de sésamo tostado .... 2 cucharaditas

ELABORACIÓN

Si preparas la masa desde cero, sigue las instrucciones de la página 10.

Para hacer la salsa, mezcla todos los ingredientes en un bol. Cubre la mezcla y consérvala en el frigorífico hasta que la necesites.

Para el relleno, calienta el aceite de sésamo en una sartén a fuego fuerte. Añade las setas y la sal y fríelas unos minutos hasta que se encojan. Mezcla el picadillo con el resto de los ingredientes del relleno en un bol.

Ponte una oblea en la palma de la mano y dispón una cucharadita colmada del relleno en el medio. Mójate el dedo con agua y humedece todo el borde de la oblea. Dobla la oblea por la mitad sobre el relleno y pellizca el centro con los dedos. Recuerda que el dumpling debe tener una base plana (el dorso del paquetito) y una parte plegada (la frontal). Con el pulgar y el índice, forma tres o cuatro pliegues hacia el medio por un lado y luego tres o cuatro más por el otro. Presiona bien los pliegues con el pulgar y el índice. Repite el proceso hasta que se acabe el relleno.

Calienta el aceite vegetal en una sartén a fuego medio y dispón los *wo tip*, con la base hacia abajo, en la sartén. Fríelos un par de minutos hasta que se doren un poco; a continuación, añade 125 ml (4¼ fl oz / ½ taza generosa) de agua, cubre con tapa y cuécelos al vapor unos 5 minutos. Cuando el agua casi se haya evaporado, retira la tapa, añade 1 cucharadita de aceite de sésamo y déjalos cocer 3 minutos para que las bases queden crujientes. Repite el proceso hasta cocinarlos todos.

Dumplings de salchicha y cebolleta

Los baozi son dumplings al vapor o fritos con un envoltorio esponjoso que contiene infinidad de rellenos. Mis baozi preferidos son los bao de pollo o *char siu*, una exquisitez de Hong Kong, aunque la masa requiere seis días para elaborarla, ya que se prepara con masa madre (¡te lo enseñaré otro día!). Mis hijos nunca tienen bastantes dumplings del tipo que sea, por eso desarrollé esta receta cuando los pedían y no tenía nada más para el relleno que un paquete de salchichas y unas cebolletas.

Salen: 12 dumplings
Preparación: 20 min, más 30 min de fermentación
Cocción: 10-20 min

INGREDIENTES

MASA PARA BAOZI

azúcar granulado ..... 8 g (¼ oz)
bolsitas de levadura seca de acción rápida ..... 7 g (¼ oz)
harina blanca, y más para espolvorear ..... 200 g (7 oz / 1⅔ tazas)
levadura en polvo ..... ½ cucharadita
aceite vegetal, y más para engrasar ..... 1 cucharadita

RELLENO

carne de salchicha de cerdo ..... 300 g (10½ oz)
cebolletas picadas finas ..... 40 g (1½ oz)
aceite de sésamo tostado ..... 1 cucharadita
jengibre molido ..... 1 cucharadita
ajo en polvo ..... ½ cucharadita
salsa de soja clara ..... 1 cucharada
pimienta blanca molida ..... ½ cucharadita

TRUCOS

Las salchichas constituyen una buena alternativa a la carne picada de cerdo porque ya vienen condimentadas. Puedes usar salchichas de pollo para unos baozi algo más saludables, si lo deseas.

Esta receta es idónea para pedir a los pequeños que te ayuden a preparar los baozi.

ELABORACIÓN

Mezcla los ingredientes del relleno en un bol, cúbrelo y consérvalo en el frigorífico hasta que lo necesites. El relleno puede prepararse un día antes.

Para la masa de los baozi, sigue las instrucciones de la página 11.

Pon 1 cucharadita (unos 30 g / 1 oz) del relleno en el centro de un círculo de masa; luego estira del borde para crear un pliegue doblándolo sobre sí mismo con el pulgar y el índice. Repite la acción girando el baozi en la mano hasta que todo el margen superior quede plegado: quedará un agujero en el centro por el que podrá salir el vapor.

Prepara la vaporera: llena la parte inferior con agua hasta la mitad y llévala a ebullición a fuego fuerte. Forra la base superior de la vaporera con un disco de papel vegetal agujereado y distribuye los baozi encima. Cuécelos al vapor 12 minutos y cómetelos enseguida.

Si deseas que la base quede crujiente, fríelos antes de cocerlos al vapor: calienta una cucharada de aceite en una sartén a fuego medio o alto, pon los baozi y fríelos durante unos 5 minutos, con el agujero arriba y con cuidado de no quemarlos. Añade suficiente agua para cubrir la superficie de la sartén, tápala y déjalos cocer al vapor 5 minutos.

Panecillos bao de panceta glaseada con verduras encurtidas de Suzie

Los bao están presentes en las cartas de los restaurantes de todo el mundo. Yo crecí con ellos. En Hong Kong también se los denomina *cha bao* porque suelen pincharse con un tenedor o un palillo para que no salga el relleno. Ahora se encuentran en los supermercados, pero hacerlos desde cero es fácil y vale la pena.

Salen: 16 panecillos bao
Preparación: 40 min, más 30 min de fermentación
Cocción: 45 min-1 h

INGREDIENTES

panecillos bao (véase p. 11) 16

PANCETA DE CERDO

panceta de cerdo asada, en trozos del tamaño de un bocado ..... 600 g (1 lb 5 oz)

GLASEADO

salsa de soja clara ..... 2 cucharadas
un trozo de jengibre fresco, rallado ..... 20 g (¾ oz)
diente de ajo grande, rallado 1
miel ..... 1 cucharada
azúcar moreno claro ..... 1 cucharada
vinagre de vino de arroz ..... 2 cucharaditas
chile rojo, picado fino (opcional) 1

VEGETALES ENCURTIDOS

pepino, cortado a lo largo en juliana de 5 cm (2 in), semillas rascadas con una cucharilla 1
sal marina ..... 2 cucharaditas
azúcar granulado ..... 200 g (7 oz)
vinagre de vino de arroz ..... 200 ml (7 fl oz / 1 taza escasa)
un trozo de jengibre fresco, en rodajas finas ..... 30 g (1 oz)
zanahorias medianas, peladas y cortadas en bastoncitos de 5 cm (2 in) 3
col de hoja lisa, en tiras finas ..... ¼

PARA SERVIR

cebolletas, para decorar
pimiento verde en tiras finas 1
hojas para ensalada ..... 2 puñados grandes

ELABORACIÓN

Para las verduras encurtidas, dispón el pepino en un colador y espolvoréalo con 1 cucharadita de sal. Déjalo reposar al menos 10-15 minutos. Sécalo con papel de cocina.

Pon un cazo sobre la balanza de cocina y añade 100 g (3½ oz) de agua, el azúcar, el vinagre de arroz, el resto de sal y el jengibre. Llévalo a ebullición durante 5 minutos hasta que se disuelva el azúcar. Pon las verduras en un tarro limpio resistente al calor y vierte el líquido dentro, de modo que queden sumergidas. Déjalo enfriar antes de cerrarlo.

Si preparas los bao desde cero, sigue las instrucciones de la página 11.

Prepara la vaporera: llena la parte inferior con agua hasta la mitad y llévala a ebullición a fuego fuerte. Forra la base superior de la vaporera con un disco de papel vegetal agujereado.

Distribuye cuatro panecillos sobre una fuente resistente al calor dentro de la vaporera, sobre el papel vegetal, y añade otra lámina de papel encima. Cuece al vapor a fuego fuerte durante 12-15 minutos.

Mientras los panecillos se cuecen, prepara el glaseado. Añade todos los ingredientes en un cazo y sofríelos suavemente durante unos 5 minutos; incorpora la carne y remueve.

Para servir, abre el panecillo y llénalo con el cerdo, las verduras y la cebolleta, el pimiento y las hojas de ensalada. ¡Repite!

ARROZ Y FIDEOS

Los hidratos de carbono son obligados en casa, por lo que yo preparo multitud de platos de arroz y pasta. Podría llenar un libro entero con este tipo de recetas, pero estos son los seis platos más fáciles y mis preferidos para empezar.

CAPÍTULO CINCO

Arroz frito yin yang

Este es un plato de celebración en Hong Kong, que se sirve en banquetes y bodas. Se llama «yin yang» porque aúna dos partes diferenciadas: un plato rojo de tomate, pollo y cebolla y uno blanco de langostinos y claras de huevo con guisantes, servidos de modo que recuerdan el símbolo de las gotas blanca y negra entrelazadas.

Raciones: 6
Preparación: 10 min
Cocción: 25 min

INGREDIENTES

huevos grandes 4
aceite vegetal .... 2 cucharadas
arroz basmati cocido .... 600 g (1 lb 5 oz) (unos 200 g / 7 oz / 1 taza de arroz seco)
salsa de soja clara .... 2 cucharadas
sal marina y pimienta negra recién molida

SALSA ROJA

aceite vegetal .... 1 cucharada
cebolla pequeña, en láminas finas 1
pechuga de pollo cocida, en lonchas .... 1 (unos 200 g / 7 oz)
tomates medianos, en rodajas finas 2
kétchup .... 5 cucharadas
azúcar granulado .... 1 cucharadita
caldo de pollo .... unos 250 ml (8½ fl oz / 1 taza)
pasta de harina fina de maíz .... 2 cucharaditas

SALSA BLANCA

caldo de pollo .... unos 500 ml (17 fl oz / 2 tazas)
guisantes .... 70 g (2½ oz)
pasta de harina fina de maíz .... 2 cucharaditas
aceite de sésamo tostado .... 1 cucharadita
langostinos, sin intestino y abiertos .... 150 g (5 oz)

ELABORACIÓN

Separa los huevos: pon las claras en un bol y las yemas en otro. Bate las yemas.

Para freír el arroz, calienta 1 cucharada del aceite en un wok o una sartén a fuego fuerte; añade las yemas y cocínalas 1 minuto para que cuajen en forma de tortilla. Resérvalas en un plato. Calienta la segunda cucharada de aceite en el wok o la sartén, añade el arroz cocido y, con una cuchara de madera, deshaz los grumos. Agrega la salsa de soja y una buena pizca de sal y pimienta. Remueve, añade las yemas cocidas y deshazlas en el arroz, cocinándolo todo unos 5 minutos.

Pon el arroz frito en una fuente plana grande, cúbrelo con papel de aluminio para mantenerlo caliente y resérvalo.

Para la salsa roja, limpia el wok o la sartén. Vuelve a ponerlo a fuego fuerte, añade el aceite y la cebolla con unas gotas de agua y sofríela alrededor de 1 minuto. Añade el pollo y cocínalo 1 minuto más; agrega, a continuación, los tomates, el kétchup y el azúcar y deja que se sofría todo junto otro minuto. Incorpora el caldo; prueba la salsa y rectifica de sabor. Para espesarla, añade la pasta de harina de maíz y llévala a ebullición. Si la salsa es demasiado espesa, pon un poco más de caldo. Vierte esta mezcla sobre una mitad del arroz frito.

Para la salsa blanca, limpia el wok o la sartén de nuevo; añade el caldo, los guisantes y la pasta de harina de maíz, lleva a ebullición y deja que la salsa se espese. Remueve con una cuchara de madera y agrega las claras reservadas; remueve para que se formen tiras de huevo cocido. Añade el aceite de sésamo y los langostinos y deja cocer 2 minutos más. Prueba y rectifica los condimentos. Vierte la salsa de langostinos y guisantes sobre la otra mitad del arroz frito y sirve el plato enseguida.

Sopa de fideos con won ton

Los won ton son ideales para acompañar una sopa de fideos, y hasta pueden convertir una guarnición en un plato principal. La clave para la pasta casera es un producto alcalino que modifica la estructura glutínica de la harina para conferir a los fideos su textura característica: el *kai sun*, que es un bicarbonato horneado y resulta sencillísimo de preparar. No obstante, también se puede adquirir líquido, en forma de solución alcalina embotellada.

Raciones: 4
Preparación: 15 min
Cocción: 40 min

INGREDIENTES

fideos de huevo finos secos (o véase Fideos de huevo, p. 11) .... paquete de 400 g (14 oz)
obleas para won ton (o véase Obleas para won ton, p. 11) .... paquete de 200 g (7 oz)
cebolletas, para decorar
hortalizas al vapor, para servir

KAI SUN

bicarbonato .... 100 g (3½ oz)

CALDO

cebolletas, peladas y cortadas por la mitad 4
un trozo de raíz de jengibre fresco, en rodajas finas .... 2,5 cm (1 in)
aceite de sésamo .... 1 cucharada
dientes de ajo, majados 2
vino de Shaoxing .... 2 cucharadas
cubitos de caldo de pollo 2
agua .... 800 ml (27 fl oz / 3½ cups)
sal marina y pimienta negra

RELLENO

cebolletas, en rodajas finas 3
col china, picada fina .... 100 g (3½ oz)
langostinos crudos, sin intestino y picados .... 200 g (7 oz)
carne de cerdo picada .... 300 g (10½ oz)
harina fina de maíz .... 2 cucharaditas
aceite de sésamo .... 2 cucharaditas
vino de Shaoxing .... 2 cucharaditas
salsa de soja clara .... 2 cucharaditas
sal y pimienta blanca .... una pizca
un trozo de jengibre fresco, picado .... 40 g (1½ oz)

ELABORACIÓN

Añade el bicarbonato en una bandeja limpia de horno y caliéntalo a 120 °C con ventilador (275 °F / gas 1) durante 1 hora. Deja que se enfríe y consérvalo en un recipiente hermético.

Prepara el caldo añadiendo la cebolleta, el jengibre, el aceite de sésamo, el ajo, el vino de Shaoxing, los cubitos de caldo, y sal y pimienta en un cazo grande y rellénalo con el agua. Deja que el caldo burbujee y se reduzca para aumentar la intensidad del sabor. Cuando empiece a hervir, tápalo y déjalo cocer hasta que esté listo para su uso. Prueba cómo está de condimento.

Si preparas los fideos desde cero, sigue las instrucciones de la página 11.

Para el relleno, mezcla las cebolletas, la col china, los langostinos, el cerdo, la harina de maíz, el aceite de sésamo, el vino de Shaoxing, la salsa de soja, la sal, la pimienta y el jengibre en un bol.

Pon una cucharadita de relleno en el centro de una oblea cuadrada, humedece el margen y dóblala o pliégala. Repite el proceso hasta que se acabe la mezcla de relleno.

Lleva una olla de agua a ebullición, añade los fideos y hiérvelos 2 minutos. Retira los fideos con una espumadera y déjalos en agua fría para que se enfríen. A continuación, repártelos en cuatro boles.

Lleva a ebullición la misma olla de agua y añade los won ton. Cuando floten en la superficie, pasados unos 3 minutos, estarán listos.

Añade 8 won ton a cada bol de fideos, cúbrelos con el caldo y las verduras al vapor, y por último decora el plato con cebolleta.

Bol de fideos *cheung fun*

Este delicioso plato se vende en los puestos callejeros de Hong Kong y en restaurantes de dim sum, y suele denominarse *joo cheung fun*, que literalmente significa «fideos de tripa de cerdo», ya que los fideos de arroz enrollados parecen tripas. No es una descripción muy apetecible, pero te aseguro que están buenísimos. Se sirven solos, con relleno o decorados con salsa de mantequilla de cacahuete y hoisin, como aquí.

Raciones: 2
Preparación: 10 min
Cocción: 20 min

INGREDIENTES

harina de arroz .... 120 g (4¼ oz / 1 taza)
almidón de trigo .... 50 g (1¾ oz)
harina fina de maíz .... 40 g (1½ oz)
sal .... ½ cucharadita
aceite vegetal, y más para pintar .... 1 cucharada

SALSA DE MANTEQUILLA DE CACAHUETE

mantequilla de cacahuete suave .... 1½ cucharada
agua hirviendo .... 4 cucharadas

SALSA DULCE

salsa de soja clara .... 1½ cucharadas
azúcar granulado .... 2 cucharaditas
salsa hoisin .... 2 cucharadas
agua hirviendo .... 2 cucharadas

PARA SERVIR

semillas de sésamo blanco tostadas
cebolleta en rodajas finas
Aceite picante de Suzie (véase p. 48)

ELABORACIÓN

Prepara la vaporera: llena la parte inferior con agua hasta la mitad y llévala a ebullición a fuego fuerte.

Prepara las dos salsas: mezcla los ingredientes para la salsa de mantequilla de cacahuete en un bol y los de la salsa de soja en otro. Resérvalos.

Para los fideos de arroz, mezcla la harina de arroz, el almidón de trigo, la harina de maíz, la sal y el aceite en un recipiente resistente al calor. Añade 250 ml (8½ fl oz / 1 taza) de agua hirviendo y bate. Sigue batiendo y poco a poco agrega 100 ml (3½ fl oz / ½ taza escasa) de agua tibia, sin dejar de batir para que la masa adquiera una textura parecida a la de la sopa, pero sin que se espese demasiado (tal vez no precises toda el agua).

Unta con aceite vegetal un molde cuadrado o redondo que quepa en la vaporera. Bate la masa y viértela para cubrir el fondo del molde. Con guantes de goma, introduce el molde en la vaporera y muévelo para que la mezcla cubra todo el fondo. No deben quedar huecos. Pon la tapa y cuece al vapor 2-3 minutos, hasta que la capa de masa quede translúcida. Sácala de la vaporera y déjala enfriar un par de minutos. Enrolla la pasta de fideos con una espátula, y cuece al vapor el resto de la masa, untando el molde con aceite cada vez, hasta que se acabe.

De la masa, deberían salir unos ocho rollos de pasta. Corta la pasta en trozos de 5 cm (2 in) y condiméntala con la salsa de mantequilla de cacahuete y hoisin, semillas de sésamo, cebolleta y aceite picante.

Fideos crujientes con pescado

A mis hijos les encanta este clásico de restaurante chino. El crujiente de los fideos con la mezcla dulce del pescado y las verduras es una combinación fantástica, y ¡lo engullen en un instante!

Raciones: 4
Preparación: 20 min
Cocción: 15 min

INGREDIENTES

fideos de huevo finos secos .... 400 g (14 oz)
aceite vegetal .... 4 cucharadas

SALSA DE MARISCO

cebolletas grandes, separadas las partes blancas y verdes claras de las verdes oscuras 4
aceite vegetal .... 1 cucharada
un trozo de jengibre, en rodajas finas .... 40 g (1½ oz)
ajo picado .... 2 cucharaditas colmadas
salsa de ostras .... 4-5 cucharadas
aceite de sésamo tostado .... 1 cucharadita
caldo de pollo (hecho con 2 cubitos de caldo de pollo) .... 800 ml (27 fl oz / 3½ tazas)
vino de Shaoxing .... 2 cucharaditas
zanahoria grande, pelada, en rodajas finas en diagonal 1
un buen puñado de setas en láminas (cualquier variedad)
vieiras, cortadas por la mitad en horizontal (sin perder la forma circular) .... 400 g (14 oz)
langostinos pelados, sin intestinos y abiertos .... 400 g (14 oz)
6 calamares sin cabeza, pelados y marcados con cuchillo para crear un dibujo de rejilla (también puedes usar las patas) .... unos 300 g (10½ oz)
pasta de harina fina de maíz .... 2 cucharaditas
sal marina y pimienta negra recién molida

ELABORACIÓN

Precalienta el horno a 160 °C con ventilador (350 °F / gas 4).

Prepara los fideos añadiéndolos en un cuenco grande o cazo. Vierte agua hirviendo encima y déjalos reposar durante 10 minutos. Escúrrelos y aclaralos con agua fría. A continuación disponlos en un colador y déjalos secar 10 minutos.

Calienta el aceite vegetal en un wok o una sartén grande a fuego fuerte. Añade los fideos al wok en forma plana de disco y fríelos un par de minutos (sin remover) hasta que se tuesten por debajo. Dales la vuelta y repite la misma operación. Sécalos con papel de cocina y gira el disco de fideos crujientes sobre una fuente resistente al calor; luego, sécalos por el otro lado. Mételos en el horno para mantenerlos calientes y crujientes.

Para la salsa de marisco, corta las partes verdes de la cebolleta finas y a lo largo y déjalas en agua fría: se rizarán. Calienta el aceite vegetal en un wok o una sartén a fuego fuerte; añade el jengibre, las partes blancas de la cebolleta troceadas y el ajo, y fríelo todo durante 1 minuto, hasta que suelten su aroma. Añade la salsa de ostras, el aceite de sésamo, el caldo de pollo y el vino de Shaoxing, y sofríelo 2 minutos más. Agrega la zanahoria y las setas, y déjalas cocer otros 2 minutos. Añade las vieiras, los langostinos y el calamar, y déjalo cocer todo un máximo de 2 minutos, hasta que estén listos. Incorpora la pasta de harina de maíz para espesar. Prueba y rectifica de condimento. Riega los fideos con la salsa de pescado y remata el plato con los rizos de cebolleta.

Fideos vegetarianos Singapur

Una curiosidad: los fideos Singapur son originarios de Hong Kong, no de Singapur. Se dice que este plato lo inventaron los chefs en los cincuenta y sesenta, en la época dorada del comercio en Hong Kong, cuando especias como el curry se encontraban con facilidad. El nombre solo pretendía darle glamour al plato.

Este plato está en nuestro menú para llevar y es muy popular. Lo tradicional es hacerlo con jamón, pollo y langostinos, pero aquí propongo una versión vegetariana que sabe igual de bien.

Raciones: 4
Preparación: 10 min
Cocción: 10 min

INGREDIENTES

fideos de arroz finos	500 g (1 lb 2 oz)
o fideos secos	unos 250 g (9 oz)
aceite vegetal	4 cucharadas
huevos grandes, batidos con una pizca de sal	4
zanahoria mediana, pelada y en bastoncitos	1
pimiento (cualquier color), sin semillas y en rodajas finas	1
mazorquitas de maíz, en láminas diagonales	100 g (3½ oz)
tirabeques, en láminas diagonales	100 g (3½ oz)
cebolla mediana, en rodajas finas	1
curry en polvo (suave/medio/picante)	3 cucharaditas
chile en polvo (suave/medio/picante) (opcional)	1 cucharadita
ajo en polvo/granulado	1 cucharadita
salsa de soja clara	4 cucharaditas
aceite de sésamo tostado	2 cucharaditas
sal marina y pimienta blanca	
cebolletas, en rodajas finas	2

ELABORACIÓN

Remoja los fideos en un cuenco resistente al calor con agua hirviendo durante 1 minuto; escurre y reserva.

Calienta 2 cucharadas del aceite vegetal en un wok o una sartén a fuego fuerte, añade el huevo batido y fríelo 1 minuto por cada lado, sin remover, hasta que cuaje como una tortilla. Pásalo a un plato y córtalo en tiras finas.

Calienta 1 cucharada del aceite en un wok o una sartén a fuego fuerte; añade la zanahoria, el pimiento, el maíz y los tirabeques con unas gotas de agua para que no se quemen, y sofríelos 1 minuto. Pásalo todo a un plato. En el mismo wok o sartén (no hace falta limpiarlo), añade la cucharada de aceite restante y agrega la cebolla con unas gotas de agua, el curry, el chile en polvo (opcional; yo uso el de intensidad mediana y no lo pongo cuando cocino para niños) y el ajo en polvo o gránulos; fríe 2 minutos a fuego fuerte, hasta que todo suelte su aroma. Incorpora los fideos cocidos y vuelve a poner todas las verduras en el wok. Remueve para que todo quede bien repartido. Añade la salsa de soja, el aceite de sésamo y las tiras de huevo, y sigue friendo y removiendo hasta que los fideos adquieran un color amarillo dorado. Prueba y rectifica de sal o pimienta; añade la cebolleta y sirve.

Arroz frito con pato y piña

Cuando visitábamos Hong Kong, siempre íbamos a un restaurante vietnamita elegantísimo llamado Golden Bull, en Tsim Sha Tsui, con la familia de mi tía Cindy. Uno de los platos más memorables era el arroz frito con pato y piña. En el menú de nuestro restaurante, ofrecemos un plato de pato con salsa de piña y arroz frito. Un día, mi madre lo preparó con arroz frito en seco y resultó delicioso.

Raciones: 4
Preparación: 10 min
Cocción: 10 min

INGREDIENTES

- piña, en daditos (preferiblemente fresca) ... 175 g (6 oz)
- aceite vegetal ... 1 cucharada
- cebolla mediana, en láminas finas ... 1
- jengibre fresco rallado ... 1 cucharada
- ajo rallado ... 1 cucharadita
- pato cocido desmenuzado o en lonchas finas ... 200 g (7 oz)
- arroz basmati cocido ... 400 g (14 oz)
- caldo de pollo en polvo ... ½ cucharadita
- vino de Shaoxing ... ½ cucharada
- salsa de soja clara ... ½ cucharada
- salsa de ostras ... 1 cucharada
- guisantes ... un puñado
- sal marina y pimienta negra recién molida

TRUCO

Para cocinar el pato, puedes seguir el método utilizado en las Crepes chinas con pato (véase p. 18), o utilitzar el que te haya sobrado de esa receta.

ELABORACIÓN

Si usas piña fresca para presentar el plato, córtala por la mitad a lo largo. Corta la piña por todo el margen, dejando 1 cm (½ in) entre la piel y la pulpa (procura no atravesar la piel). Retira la parte central leñosa y, a continuación, marca la pulpa en forma de rejilla para poder extraer dados de piña con una cuchara o cuchillo. Finalmente, córtala en dados más pequeños.

Calienta el aceite vegetal en un wok o una sartén a fuego fuerte. Añade la cebolla, el jengibre y el ajo, y sofríelos unos minutos, vigilando que no se quemen y agregando unas gotas de agua si se pegan. Añade el pato y sofríe 1 minuto más; incorpora el arroz y el caldo de pollo en polvo, y mézclalo todo con una cuchara de madera. Continúa friendo 5 minutos, hasta que esté bien caliente y no queden grumos de arroz. Añade el vino de Shaoxing, la salsa de soja y de ostras y remueve; añade los guisantes y la piña y mézclalo todo bien. Prueba y rectifica de sal.

Sírvelo en las mitades de piña vaciadas (si usas piña fresca) o en una fuente grande.

PLATOS ÚNICOS

He aquí algunas recetas sabrosísimas que se cocinan en un solo recipiente. Unas cuantas son platos de cocción lenta que mi madre elaboraba cuando disponía de tiempo, pero también incluyo otras rapidísimas y nutritivas que llevo años preparando.

CAPÍTULO SEIS

Aleta de buey

¡Un plato típico del mercado de Hong Kong! De pequeños, no había ocasión en que no nos apetecieran unos *ngau lam mein* (fideos con carne). *Ngau lam* es uno de los guisos tradicionales chinos que se solían preparar con falda de ternera, un corte que se obtiene de la panza. Presenta nervios y tendones, por lo que puede resultar una carne dura, pero al cocinarla a fuego lento se consigue que se deshaga en la boca. Esta receta se hace con aleta de buey, más fácil de encontrar que la falda. También he cambiado el rábano japonés (daikon o mooli), que suele usarse para el plato, por zanahorias.

Raciones: 6
Preparación: 10 min
Cocción: 3 h 15 min

INGREDIENTES

aleta de buey, en trozos grandes ... alrededor de 1 kg (2 lb 4 oz)
aceite vegetal ... 2 cucharadas
un trozo de jengibre fresco, en rodajas ... 40 g (1½ oz)
vino de Shaoxing (o sake para cocinar / mirin / jerez seco) ... 250 ml (8½ fl oz / 1 taza)
salsa de soja clara ... 3 cucharadas
salsa de soja oscura ... 2 cucharadas
salsa de ostras ... 2 cucharadas
polvo de cinco especias chinas ... 2 cucharadas
clavos de olor ... 3
estrellas de anís ... 2
hojas de laurel ... 2
azúcar moreno ... 1 cucharada
zanahorias grandes (unos 750 g / 1 lb 10 oz), peladas y cortadas a lo largo en trozos ... 6
cebolletas, cortadas en trozos de 2,5 cm (1 in) ... 3
pasta de harina fina de maíz (opcional) ... 2 cucharaditas
sal marina y pimienta blanca

TRUCO

El caldo de carne sobrante se conserva en el frigorífico hasta 4 días o en el congelador 1 mes, y puede emplearse para preparar caldos para recetas con fideos o la Sopa de rabo de buey de mi madre (véase p. 156).

ELABORACIÓN

Añade la carne en una cazuela grande y cúbrela con 1 l (34 fl oz / 4 tazas) de agua fría. Llévala a ebullición y déjala hervir 10-15 minutos, retirando las impurezas que floten con una cuchara grande. Retira la carne con una espumadera y déjala en un bol. Conserva el líquido de la cocción.

Calienta el aceite vegetal en la misma cazuela a fuego fuerte; añade el jengibre y sofríe un par de minutos.

Añade el vino de Shaoxing, las salsas de soja, la salsa de ostras, el polvo de cinco especias, el clavo de olor, el anís, el laurel y el azúcar, y deja que todo burbujee un par de minutos; a continuación, vuelve a poner la carne en la cazuela y remueve. Vierte suficiente líquido de cocción reservado sobre la carne para cubrirla (unos 600 ml / 20 fl oz / 2½ tazas). Para cocinarla en el fuego, baja la potencia, cubre con tapa y deja cocer de 2 horas 45 minutos a 3 horas, hasta que la carne quede muy tierna.

Añade la zanahoria y más líquido de cocción para cubrirlo todo (si es necesario), y tapa el guiso. Sube el fuego a media potencia y deja cocer 15 minutos más, hasta que la zanahoria se ablande. Añade las cebolletas. Prueba y rectifica de condimento. Si deseas una salsa más espesa, añade la pasta de maíz y lleva la mezcla a ebullición. Si el sabor es demasiado fuerte, agrega agua y deja que se reduzca otros 5 minutos. Retira los clavos de olor, el anís y las hojas de laurel, y sirve con arroz o fideos.

Costillas de cerdo estofadas con patatas y calabaza

Mi madre preparaba este plato con costillas y patatas, como aquí, o con alitas de pollo, que también son perfectas para este guiso. Además, se puede hacer con chuletas de cerdo o panceta troceada. Mi hermana mayor, Angela, añade calabaza, lo cual aporta dulzor y textura al estofado, ¡y más verduras al plato!

Raciones: 4
Preparación: 10 min
Cocción: 1 h

INGREDIENTES

costillas de cerdo ..... unos 500 g (1 lb 2 oz)
aceite vegetal ..... 4 cucharadas
patatas grandes, peladas y en dados grandes ..... 4 (unos 500 g / 1 lb 2 oz)
un trozo de jengibre fresco, en rodajas ..... 30 g (1 oz)
cebolletas, en trozos de 5 cm (2 in) (las partes claras intactas para freír y las verdes para decorar) 3
dientes de ajo, chafados 4
salsa de soja clara ..... 3 cucharadas
azúcar extrafino ..... 1 cucharadita
aceite de sésamo tostado ..... 1 cucharadita
vino de Shaoxing ..... 1 cucharada
pimienta blanca molida ..... una buena pizca
calabaza, sin semillas, pelada y en dados ..... 300 g (10½ oz)
pasta de harina fina de maíz (opcional) ..... 2 cucharaditas
sal marina y pimienta negra recién molida

ELABORACIÓN

Pon las costillas en una cazuela grande con suficiente agua fría para cubrirlas. Lleva a ebullición y deja hervir 5 minutos, retirando las impurezas que floten con una cuchara grande. Retira la carne con una espumadera y déjala en un bol. Conserva el líquido de la cocción.

En la misma cazuela, fríe las patatas por tandas en dos cucharadas de aceite a fuego medio para sellarlas y dorarlas por todos los lados. Retira las patatas del aceite y déjalas en un bol.

En la misma cazuela, calienta un par de cucharadas de aceite a fuego fuerte; añade el jengibre, los tallos claros de cebolleta y ajo, y sofríelo todo un par de minutos vigilando que no se quemen. Añade la salsa de soja, el azúcar, el aceite de sésamo, el vino de Shaoxing y la pimienta blanca, y remueve. Añade las costillas y, a continuación, las patatas fritas, y cúbrelo todo con el caldo de cocción de la carne (400 ml / 13 fl oz / 1½ tazas). Tapa y deja cocer a fuego lento 15 minutos.

Incorpora la calabaza y déjala cocer 40 minutos más. Cuando la carne de las costillas empiece a desprenderse de los huesos, el guiso estará listo. Prueba y rectifica de condimentos: tal vez debas añadir un poco más de salsa de soja. Agrega agua si deseas más salsa, y si la quieres más espesa, añade la pasta de harina de maíz, de cucharadita en cucharadita, dejando que vuelva a hervir cada vez, hasta obtener la consistencia a tu gusto. Decora con las partes verdes de la cebolleta y sirve.

Huevos al vapor

Mi madre preparaba estos sedosos huevos al vapor con diferentes ingredientes, como carne picada de cerdo, langostinos, cebolleta o langostinos secos son setas, entre otros. Es una buena receta para aprovechar lo que se tenga a mano porque combina con muchos sabores. Simplemente, hay que añadir los ingredientes adicionales una vez escurridos los huevos.

Raciones: 4
Preparación: 5 min
Cocción: 20 min

INGREDIENTES

MEZCLA DE HUEVO

huevos grandes 4
caldo vegetal o de pollo, templado ..... 300-400 ml (13 fl oz / 1½ tazas generosas)
pimienta blanca molida ..... ¼ de cucharadita
sal ..... una pizca

PARA DECORAR

cebolletas, en rodajas finas
salsa de soja clara
aceite de sésamo

ELABORACIÓN

Prepara la vaporera: llena la parte inferior con agua hasta la mitad y lleva a ebullición a fuego fuerte. Coloca la parte superior de la vaporera sobre la inferior o prepara una olla para usarla como vaporera.

Casca los huevos en una jarra medidora y añade una cantidad de caldo equivalente a 1,5-2 veces el volumen de los huevos (por 200 ml / 7 fl oz de huevo, añade 300-400 ml / 13 fl oz de caldo; cuanta mayor sea la proporción de caldo, más sedoso será el resultado). Añade la pimienta blanca y la sal a la jarra y mezcla.

Apaga el fuego de la vaporera. Con cuidado de no escaldarte, realiza los siguientes pasos: pon una fuente o bol resistente al calor en la vaporera (o la olla), y encima, un colador fino; cuela la mezcla de huevo. Así se eliminan grumos y burbujas de aire. Cubre la fuente o bol con papel de aluminio o film transparente de modo que las gotitas de agua no estropeen la superficie del huevo al vapor. Vuelve a poner la vaporera a potencia media (con demasiada potencia, los huevos cuajarán) y cuece el huevo al vapor 10-15 minutos, según el tamaño de la fuente. El huevo adquirirá una consistencia gelatinosa cuando esté listo. Decora con cebolleta, salsa de soja y aceite de sésamo.

Carne picada vegetariana con anacardos

Este sofrito rápido combina sabores chinos clave con ingredientes de la cocina occidental, como las verduras mediterráneas, que siempre abundan en mi frigorífico. Además, utilizar una alternativa a la carne es una buena manera de añadir proteínas al plato.

Raciones: 4
Preparación: 5 min
Cocción: 10 min

INGREDIENTES

aceite vegetal ... 2 cucharadas
cebolla mediana, en láminas finas ... 1
dientes grandes de ajo, en láminas ... 2
salsa de soja clara ... 2 cucharadas
salsa de ostras ... 2 cucharadas
aceite de sésamo tostado ... 1 cucharadita
pimiento sin semillas y en rodajas finas ... 1
calabacín, cortado por la mitad a lo largo y luego en rodajas diagonales ... 1
pasta de harina fina de maíz (opcional) ... 2 cucharaditas
carne picada vegetariana ... 250 g (9 oz)
sal marina y pimienta negra molida
un puñado de anacardos, tostados en seco, para decorar

ELABORACIÓN

Calienta el aceite vegetal en un wok o una sartén a fuego fuerte, añade la cebolla, el ajo y unas gotas de agua, y sofríelos un par de minutos, procurando que no se quemen.

Añade la salsa de soja, la salsa de ostras y el aceite de sésamo, y deja que todo se reduzca 2 minutos; luego incorpora el pimiento y el calabacín y deja cocer 5 minutos más. Prueba y rectifica de sabores, quizá añadiendo más salsa de soja.

Si deseas una salsa más espesa, añade la pasta de harina de maíz; a continuación, agrega la carne picada vegetariana y combínalo todo bien. Deja cocer 5 minutos hasta que la carne picada vegetariana se caliente (puede tardar más o menos tiempo, según si es congelada o no). Decora con los anacardos y sirve con fideos o arroz.

Filetes *char siu* de pollo

Esta versión del clásico *char siu* de cerdo es rápida y sencilla de preparar, ¡y los filetitos de pollo son ideales para los dedos de los peques!

Raciones: 4
Preparación: 5 min, más al menos 5 min de marinado (mejor toda la noche)
Cocción: 10 min

INGREDIENTES

minifiletes de pollo ..... 500 g (1 lb 2 oz)

MARINADO *CHAR SIU*

melaza oscura ..... 15 g (½ oz)
azúcar moreno ..... 10 g (¼ oz)
miel ..... 25 g (1 oz)
salsa hoisin ..... 30 g (1 oz)
salsa de soja oscura ..... 10 g (¼ oz)
polvo de cinco especias chinas ..... 1 cucharadita
aceite vegetal ..... ½ cucharada
salsa de ostras ..... 20 g (¾ oz)
colorante alimentario rojo ..... 1 cucharadita

ELABORACIÓN

Pon un bol sobre la balanza de cocina y, dentro del bol, una bolsa para bocadillo; pesa todos los ingredientes para el marinado en su interior. Añade los filetitos de pollo y recúbrelos con el marinado. Coloca la bolsa plana sobre una bandeja de horno para que el máximo de marinado impregne la carne y déjalo reposar al menos 5 minutos, aunque lo ideal es dejarlo en el frigorífico toda la noche.

Pon el gratinador al máximo y forra la bandeja con papel de aluminio. Distribuye los trozos de pollo marinado en la bandeja y úntalos con el marinado de la bolsa con la ayuda de un pincel de cocina. Gratínalos unos 5 minutos por cada lado, hasta que se cocinen bien y se tuesten un poco.

TRUCOS

Con el uso de la bolsa para pesar los ingredientes del marinado, se reduce la cantidad de utensilios que hay que limpiar.

Usa el marinado sobrante para condimentar alitas de pollo. Este pollo puede sustituir la carne de cerdo para el Guiso *char siu* con judías verdes y huevo (véase p. 111).

PLATOS RÁPIDOS DE CADA DÍA

La mayoría de estos platos rápidos son creaciones originales de mi madre que ahora preparo yo para mis hijos. Me reconforta la idea de legar estas recetas a mi familia.

CAPÍTULO SIETE

Salchichas de Frankfurt con kétchup

Puede parecer que este es un plato poco convencional, pero este tipo de salchichas es muy sabroso y la receta, sencillísima. Mi madre lo servía con huevos para desayunar, o con arroz o fideos para almorzar o cenar.

Raciones: 4
Preparación: 5 min
Cocción: 5 min

INGREDIENTES

aceite vegetal .... 1 cucharadita
salchichas de Frankfurt, en trozos de 2,5 cm (1 in) 10
kétchup .... 4 cucharadas
miel líquida .... 1½ cucharada
aceite de sésamo tostado .... ½ cucharadita
sal marina y pimienta negra recién molida (opcional)
semillas de sésamo blanco o negro, para servir

ELABORACIÓN

Calienta el aceite vegetal en una sartén a fuego fuerte, añade las salchichas y fríelas 3 minutos, hasta que se doren y se encojan un poco. Añade el kétchup, la miel y unas gotas de agua, y remueve 2 minutos, dejando que la salsa se vuelva pegajosa. Aliña con el aceite de sésamo y remueve.

Prueba las salchichas y, si precisan más sabor, añade más kétchup (acidez), miel (dulzor) o sal y pimienta. Espolvorea con las semillas de sésamo y sirve.

TRUCO

Si no dispones de salchichas de Frankfurt, las salchichas de cóctel cocidas también van bien.

Ternera con espárragos a la pimienta

Mi madre preparaba este plato a menudo en temporada de espárragos (primavera). Le encantaba saber cuáles eran los beneficios de los alimentos para la salud, y recuerdo que nos decía que los espárragos eran buenos para el sistema digestivo y los añadía, una vez más, a la larga lista de las verduras que eran «muy buenas» para nosotros. No es que tuviera que convencernos, ¡puesto que comíamos todo lo que nos ponían delante!

Raciones: 4
Preparación: 10 min, más al menos 10 min de marinado
Cocción: 10 min

INGREDIENTES

redondo de ternera, en lonchas cortadas en perpendicular a la fibra	500 g (1 lb 2 oz)
espárragos, limpios y en trozos grandes	250 g (9 oz)
aceite vegetal	2 cucharadas
pasta de harina fina de maíz (opcional)	2 cucharaditas

MARINADO

salsa de soja clara	2 cucharaditas
salsa de soja oscura	2 cucharaditas
aceite de sésamo	1 cucharadita
vino de Shaoxing	2 cucharaditas
harina fina de maíz	1 cucharadita

SALSA DE PIMIENTA NEGRA

aceite vegetal	1 cucharada
diente grande de ajo, picado fino o rallado	1
pimienta blanca molida	½ cucharadita
pimienta negra molida gruesa	1 cucharadita
salsa de soja clara	1 cucharada
vino de Shaoxing	1 cucharadita
salsa de ostras	2 cucharaditas
aceite de sésamo tostado	1 cucharadita
caldo de pollo	unos 200 ml (7 fl oz / 1 taza escasa)

ELABORACIÓN

Pon la carne en un bol, añade los ingredientes del marinado y mézclalo todo. Deja marinar durante al menos 10 minutos (también puedes taparlo y dejarlo en el frigorífico un día antes).

Cocina los espárragos en un wok o cazo con agua hirviendo durante 2 minutos; escúrrelos y aclaralos con agua fría enseguida para detener la cocción y que queden crujientes. Reserva.

Calienta el aceite vegetal en un wok o una sartén a fuego fuerte; añade las tiras de carne marinada y fríelas 2 minutos, sin excederte, para que mantengan un tono rosado. Retira del wok o sartén y reserva.

Ahora prepara la salsa de pimienta negra. Añade el aceite vegetal al wok o la sartén (no hace falta limpiarlo), a fuego fuerte, y, a continuación, el ajo, y sofríelo unos 30 segundos para que empiece a soltar su aroma. Agrega la pimienta blanca y la negra, la salsa de soja, el vino de Shaoxing, la salsa de ostras y el aceite de sésamo, y deja cocer 2 minutos; después, añade caldo hasta que la salsa adquiera el espesor deseado. Prueba y rectifica de condimento. Agrega agua o caldo si deseas más salsa, y si la quieres más espesa, añade pasta de harina de maíz, de cucharadita en cucharadita, dejando que vuelva a hervir cada vez. Vuelve a poner la carne y los espárragos en el wok o la sartén y sirve.

TRUCO

Puedes sustituir los espárragos por judías verdes o brócoli bimi cuando no sea temporada.

Huevo con tomate

Es un plato familiar por excelencia, que se cocina en muchos hogares chinos porque requiere ingredientes sencillos que probablemente ya se tienen en el frigorífico o la despensa. Mi madre lo preparaba al menos una vez por semana, y ahora me encanta hacerlo para mis niños, junto con un bol de arroz.

Raciones: 4
Preparación: 5 min
Cocción: 10 min

INGREDIENTES

aceite vegetal ... 4 cucharadas
huevos medianos, batidos ... 6
cebolla grande, en rodajas ... 1
tomates grandes cortados en gajos ... 4 (unos 500 g/ 1 lb 2 oz)
kétchup ... 5 cucharadas
azúcar extrafino ... 1 cucharadita colmada
sal marina y pimienta negra recién molida
cebolleta grande, en rodajas finas diagonales, para decorar ... 1

ELABORACIÓN

Calienta 2 cucharadas aceite vegetal en un wok o una sartén a fuego medio; añade el huevo batido y cocínalo 5 minutos, hasta que cuaje un poco, como una tortilla; no debe quedar crujiente, sino un poco cocido. Resérvalo.

En la misma sartén, calienta el aceite restante a fuego fuerte. Añade la cebolla y unas gotas de agua, y deja cocer 2 minutos, hasta que ablande; a continuación, añade los tomates y cocínalo todo unos minutos más; deben quedar bien blandos. Agrega el kétchup y el azúcar, y deja que todo se cocine 5 minutos hasta que espese la salsa. Añade una pizca de sal y una de pimienta blanca, prueba y rectifica. Para terminar, añade el huevo al wok o sartén, y revuélvelo con una cuchara de madera, mezclándolo con la salsa de tomate. Decora con la cebolleta y sirve con arroz.

Tofu *ma po* con berenjena

El tofu *ma po* consiste en un plato de carne picada de vacuno o cerdo, típico de la provincia china de Sichuan, que deja la lengua dormida. Cuando lo preparaba mi madre, le daba un toquecito picante ideal para acompañarlo con arroz. Aquí, uso mi aceite picante casero para darle el punto mínimo de picante necesario. Mi hermana Veronica me inspiró para añadirle berenjena: ¡me encanta agregar hortalizas a mis platos!

Raciones: 2 (grandes)
Preparación: 10 min
Cocción: 10 min

INGREDIENTES

- aceite vegetal ... 1 cucharada
- Aceite picante de Suzie (véase p. 48) o alternativa comercial (opcional) ... 1 cucharadita
- ajo, picado o rallado ... 2 dientes grandes
- un trozo de jengibre fresco, rallado ... 20 g (¾ oz)
- chile rojo, en rodajas finas (o más si te gusta el picante) ... 10 g (¼ oz)
- pasta/salsa de alubias y chile (*toban djan*) ... 1½ cucharadas
- berenjena pequeña, en rodajas o dados ... 1
- carne picada de ternera o cerdo ... 400 g (14 oz)
- caldo vegetal o agua ... unos 150 ml (5 fl oz / ⅔ de taza escasa)
- pasta de harina fina de maíz ... 2 cucharaditas
- pimienta blanca ... una pizca
- tofu sedoso, en dados ... 300 g (10½ oz)
- sal marina
- cebolletas grandes, en rodajas, para decorar ... 2

ELABORACIÓN

Calienta el aceite vegetal en un wok o una sartén a fuego fuerte; añade el aceite picante (si lo usas) y el ajo, el jengibre y el chile, y fríelo todo durante 1 minuto, hasta que suelte su aroma; agrega la pasta de alubias y chile y sofríelo 1 minuto más. Incorpora la berenjena y fríela en la salsa picante durante unos 5 minutos; a continuación, añade la carne picada y suficiente caldo o agua para cubrirlo y formar una salsa. Desmenuza la carne picada con una cuchara de madera y cuécela 5 minutos antes de añadir la pasta de harina de maíz para espesar la salsa dejando que hierva. Si quieres una salsa más espesa, pon más pasta. Prueba y rectifica de condimentos. Añade el tofu y deja cocer un par de minutos más. Decora con la cebolleta y sirve.

TRUCOS

Para una versión vegetariana, sustituye la carne picada de vacuno o cerdo por el mismo producto vegetariano.

La pasta de alubias y chile (*toban djan*) puede usarse como condimento o para marinados o fideos. Prepara una salsa básica para platos *kung po* mezclando la pasta de alubias y chile con salsa hoisin.

Fideos con sésamo y cacahuete

Este plato frío gusta a todo el mundo y sabe incluso mejor cuando ha reposado. Siempre preparo de más para el almuerzo del día siguiente.

Raciones: 4 (grandes)
Preparación: 5 min
Cocción: 5 min

INGREDIENTES

fideos de arroz o cristal secos ... 500 g (1 lb 2 oz)
cacahuetes sin sal ... un puñado
semillas de sésamo blanco o negro ... un puñado

SALSA BASE

mantequilla de cacahuete suave ... 100 g (3½ oz)
pasta de sésamo (tahina) ... 50 g (1¾ oz)
aceite de sésamo tostado ... 2 cucharadas
sal ... ½ cucharadita
salsa de soja clara ... 1½ cucharadas
vinagre de vino de arroz ... 2 cucharadas
pimienta blanca ... ½ cucharadita
caldo vegetal en polvo ... 1 cucharadita

VERDURAS

Verduras encurtidas de Suzie (véase p. 72), cortadas finas ... 200 g (7 oz)

O

zanahoria mediana, pelada y cortada en bastoncitos ... 1
pimiento verde, cortado en bastoncitos ... 1
sal marina y pimienta blanca
cebolletas, en rojajas finas, para servir ... 2

ELABORACIÓN

Lleva una olla de agua a ebullición, añade los fideos y hiérvelos 2 minutos. Cuela los fideos y reserva al menos 100 ml (3½ fl oz / ½ taza escasa) del agua de cocción. Aclákalos con agua fría para enfriarlos y reserva.

Pon los cacahuetes y las semillas de sésamo en una sartén seca y tuéstalos un par de minutos a fuego medio para que se doren. Retira de la sartén y reserva.

Ahora prepara la salsa base. Añade los ingredientes en un bol y bátelos; a continuación, añade 100 ml (3½ fl oz / ½ taza escasa) del agua de cocción de los fideos y el cubito de caldo vegetal a la salsa; bate de nuevo y prueba: si la salsa es muy espesa, añade más agua de los fideos. Debe ser fuerte y de sabor denso por la mantequilla de cacahuete y la pasta de sésamo.

A continuación, agrega las verduras encurtidas (o la zanahoria y el pimiento) y la cebolleta. Añade los fideos y remueve. Prueba y rectifica de condimento, añadiendo más vinagre de arroz, si quieres acidez, o sal y pimienta o más mantequilla de cacahuete o pasta de sésamo. Decora con los cacahuetes y las semillas de sésamo tostados y sirve.

TRUCO

La salsa se conserva en el frigorífico durante al menos una semana, y resulta deliciosa con fideos, para aliñar ensaladas o para animar una receta de ensalada de col en lugar de usar mayonesa.

Guiso *char siu* con judías verdes y huevo

Este plato es una creación especial de mi madre; no parece gran cosa, ¡pero es muy sabroso! Yo creía que era una receta normal en las casas chinas, pero he descubierto que mi madre fusionó dos platos: sobras de cerdo a la barbacoa (*char siu*) con judías verdes y huevos, para una completa comida familiar. Cumple todos los requisitos que puede pedir la mamá cocinera.

Raciones: 4
Preparación: 5 min
Cocción: 10 min

INGREDIENTES

judías tiernas, en trocitos .... 200 g (7 oz)
aceite vegetal .... 2 cucharadas
cerdo *char siu* (barbacoa), en trozos de 1 cm (½ in) .... 150 g (5 oz)
salsa de soja clara .... 1½ cucharadas
huevos grandes, batidos 5
aceite de sésamo tostado .... 1 cucharadita
sal marina y pimienta blanca

ELABORACIÓN

Vierte 100 ml (3½ fl oz / ½ taza escasa) de agua en un wok o una sartén y añade las judías verdes troceadas. Lleva el agua a ebullición, tapa y deja que las judías se cuezan al vapor 2 minutos, hasta que estén tiernas. Retira la tapa y deja evaporar el agua sobrante (si no se ha evaporado ya). Aparta las judías a un lado del wok o sartén y añade 1 cucharada del aceite y, a continuación, el *char siu*, y fríelo 2 minutos. Añade la salsa de soja y déjalo cocer unos 30 segundos; agrega la segunda cucharada de aceite y mézclalo todo. Ahora agrega el huevo batido y el aceite de sésamo, y cocínalo 30 segundos para que cuaje un poco; remueve para que se cocine por el otro lado. En un par de minutos estará listo. ¡Condimenta al gusto y prepárate para comer!

TRUCO

Esta receta se puede preparar con pollo cocido, jamón o incluso con carne de lata.

FAVORITOS DE MI FAMILIA

Esta selección de recetas es una muestra de lo que doy para comer a mi familia de manera habitual.

¡De todos estos platos, te aseguro que no hay ninguno que mis hijos no devoren!

CAPÍTULO OCHO

Tallarines *ho fun* con ternera

De pequeña, siempre pedíamos este plato de tallarines cuando salíamos a tomar dim sum en familia. Era uno de los que todos atacábamos cuando llegaba a la mesa. Para mí, la carne de ternera marinada con tallarines de arroz es la nostalgia servida en un plato.

Raciones: 4
Preparación: 15 min
Cocción: 25 min

INGREDIENTES

aceite vegetal
redondo de ternera, en lonchas cortadas en perpendicular a la fibra ... 400 g (14 oz)
cebolletas, la parte blanca en trozos de 5 cm (2 in) y luego por la mitad a lo largo ... 5
cebolla mediana, en láminas finas ... 1
jengibre fresco, en bastoncitos finos ... del tamaño de ½ pulgar (20 g / ¾ oz)
dientes de ajo, picados ... 2
brotes de soja ... 200 g

MARINADO

salsa de soja clara ... 2 cucharadas
salsa de soja oscura ... 1 cucharadita
aceite de sésamo ... 1 cucharadita
harina fina de maíz ... 1 cucharadita
vino de Shaoxing (o vino blanco o vinagre de sidra) ... 1 cucharada

FIDEOS

harina de arroz ... 270 g (10 oz / 1¾ tazas)
harina fina de maíz ... 160 g (5 oz / 1 taza)
agua ... 700 ml (24 fl oz / 3 tazas escasas)
aceite

SALSA

salsa de soja clara ... 5 cucharadas
salsa de soja oscura ... 2 cucharadas
azúcar ... 1 cucharadita
vinagre negro (o de sidra) ... 1 cucharadita
sal marina y pimienta blanca

ELABORACIÓN

Marina la carne durante al menos 15 minutos (también puedes dejarla tapada en el frigorífico toda la noche).

Para la pasta de arroz, añade la harina de arroz, la harina de maíz y el agua en un bol y bate para que se forme una masa. Pásala a un tarro grande y luego a una bandeja engrasada de 20 cm (8 in). Pon la bandeja en la vaporera, cúbrela y cuece al vapor 3-5 minutos. Retira la bandeja con cuidado y pasa una espátula por toda la base para separar la lámina de pasta. Unta la pasta con aceite, dóblala y, con un cuchillo afilado, córtala en tiras de 2 cm (¾ in) para obtener los tallarines.

Fríe la carne con un poco de aceite vegetal en un wok o una sartén por tandas durante 2 minutos (poco hecha / al punto). Retírala y reserva (no limpies el wok).

Pon un poco más de aceite en la sartén si ya no queda. Fríe la cebolleta y la cebolla; añade 2 cucharadas de agua y deja cocer un par de minutos, hasta que el agua se evapore y la cebolla se ablande.

Añade el ajo y el jengibre. Sofríelos un par de minutos para que suelten su aroma. A continuación, incorpora los fideos y la salsa, y remuévelo todo 2 minutos más, hasta que los fideos se ablanden.

Agrega los brotes de soja y luego la carne, y deja cocer 2 minutos más. Prueba y rectifica de condimentos. Los fideos estarán listos para servir.

TRUCO

He simplificado la elaboración de los tallarines de arroz desde cero, pero preparar este clásico dim sum te llevará unos pocos minutos si usas pasta ya hecha. Usa 800 g (1 lb 12 oz) de tallarines *ho fun* frescos.

Alitas de pollo al estilo Hong Kong

Las barbacoas son típicas de Hong Kong. Durante las vacaciones que pasábamos allí, íbamos al menos una vez a comer barbacoa. Ahora, en casa, uno de los platos favoritos semanales son las alitas de pollo. A mis hijos les encantan. Esta receta es fácil de preparar y deliciosa, y aprovecha al máximo unos ingredientes simples.

Raciones: 4
Preparación: 10 min
Cocción: 15 min

INGREDIENTES

alitas de pollo	500 g (1 lb 2 oz)
aceite de sésamo tostado	1 cucharadita
salsa de soja clara	3 cucharadas
miel líquida, y más para pintar	3 cucharadas
ajo en polvo/granulado	½ cucharada
aceite vegetal	1 cucharadita
sal y pimienta blanca	una pizca de cada

ELABORACIÓN

Precalienta el horno a 160 °C con ventilador (350 °F / gas 4) y forra una bandeja de horno con papel vegetal. Otra opción es preparar la barbacoa.

Pon las alitas en un cazo, cúbrelas con agua fría y lleva a ebullición; deja hervir 5 minutos, retirando las impurezas que floten con una cuchara grande. Retira las alitas con una espumadera y conserva el caldo de pollo para otros usos (véanse los trucos, más abajo).

Mientras se sancocha el pollo, pon el aceite de sésamo, la salsa de soja, la miel, el ajo, el aceite, la sal y la pimienta en un bol. Pasa las alitas escurridas a este bol y remueve para que se impregnen del marinado; a continuación, déjalas reposar unos 5 minutos. También puedes dejarlas tapadas toda la noche en el frigorífico.

Si asas las alitas en el horno, disponlas sobre una bandeja forrada y cuécelas 10 minutos; luego sácalas y mójalas con el jugo y el marinado acumulado en la bandeja. Píntalas con un poco más de miel y cuécelas 5 minutos más. Si las haces a la barbacoa, píntalas con más miel, colócalas en la parrilla y ásalas 5-8 minutos por cada lado, hasta que se churrusquen un poco.

Comprueba la cocción cortándolas. Si no están listas, ásalas 5 minutos más.

TRUCOS

Al cocer parcialmente las alitas antes de asarlas, se consigue mantenerlas muy jugosas.

No deseches el agua empleada para sancocharlas. Aprovéchala para caldos en recetas como el Bol de fideos instantáneos (véase p. 118).

Bol de fideos instantáneos

Esta es una fantástica manera de aprovechar ingredientes, ya sean las sobras que se guardan en el frigorífico, ya sean productos variados como huevos, carnes cocidas (como *char siu*, alitas, jamón), verduras encurtidas (o frescas), semillas y frutos secos, etcétera. Los fideos que propongo aquí suelen estar etiquetados como fideos ramen instantáneos.

Raciones: 1
Preparación: 10 min
Cocción: 5 min

INGREDIENTES

fideos ramen secos instantáneos ... 1 paquete (unos 100 g / 3½ oz)
salsa de soja clara ... ½ cucharada
Aceite picante de Suzie (véase p. 48) o alternativa comercial (opcional) ... ½ cucharadita
ajo en polvo/granulado ... ¼ de cucharadita
cebolla en polvo ... ¼ de cucharadita
caldo de pollo o vegetal (suelo utilizar caldo de pollo congelado, de las alitas de pollo de la página anterior, por ejemplo, pero puedes usar un cubito) ... 200-400 ml (7-13 fl oz / 1 taza escasa-1½ taza generosa)
aceite de sésamo tostado ... 1 cucharadita
pimienta blanca y sal

OTROS INGREDIENTES

huevos hervidos o fritos
sobras de carne cocida
verduras al vapor o las Verduras encurtidas de Suzie (véase p. 72)
hortalizas ralladas
semillas de sésamo
algas secas

ELABORACIÓN

Cocina los fideos 1 minuto menos de lo indicado en las instrucciones del paquete (y no más de 3 minutos). Aclaralos con agua fría tras escurrirlos, aunque las instrucciones no lo especifiquen, pero así se evita que se ablanden demasiado.

Añade la salsa de soja, el aceite picante (si lo usas), el ajo en polvo o en gránulos y la cebolla en polvo a un cuenco grande, y mézclalo todo.

Lleva el caldo a ebullición; pon la mitad en el bol y remueve. Añade los fideos en el caldo, mezcla y condimenta al gusto. Si deseas más líquido, añade más caldo del que has hervido. Completa el plato con los ingredientes que elijas: creo que yo nunca he preparado dos boles de fideos instantáneos iguales, porque siempre uso lo que tenga en el frigorífico o en la despensa.

TRUCO

Mi madre solía aclarar los fideos y preparaba caldo para cocerlos porque decía que sabían mejor, ¡y le doy la razón!

Huevos marmoleados

El olor de estos huevos marmoleados me traslada a Hong Kong. Conservo el recuerdo de haberlos visto amontonados en enormes recipientes en puestos callejeros y tiendas. Allí los venden como tentempiés, pero también pueden añadirse a un bol de arroz o fideos y consumirse calientes o fríos. Mi madre los preparaba en grandes cantidades, ¡pero no duraban mucho!

Salen: 6 huevos
Preparación: 20 min, más al menos 24 h de marinado
Cocción: 50 min

INGREDIENTES

huevos grandes, lavabos 6

MARINADO

un trozo de jengibre, en 2 rodajas .... 10 g (¼ oz)
anís estrellado 2
canela molida .... 2 cucharaditas
hojas de laurel 2
bolsitas de té fuerte 2
salsa de soja oscura .... 200 ml (7 fl oz / 1 taza escasa)
azúcar extrafino .... 1 cucharadita
sal .... ½ cucharadita
vino de Shaoxing .... 1 cucharada
polvo de cinco especias chinas .... 1 cucharadita colmada
granos de pimienta negra 5

ELABORACIÓN

Lleva un cazo pequeño lleno de agua a ebullición, añade los huevos y hiérvelos 7 minutos; a continuación, transfiérelos a un bol de agua fría para detener la cocción. Escúrrelos y rompe las cáscaras con cuidado (no hasta el punto de pelarlas, sino para quebrarlas de todos lados).

Desecha el agua del cazo y añade los ingredientes del marinado, incluidos los huevos (que deben quedar sumergidos). Lleva a un suave hervor y deja cocer 45 minutos. Retira del fuego y deja que los huevos se enfríen en el cazo. Viértelo todo en el interior de una bolsa y déjalo reposar al menos 24 horas (o hasta 4 días) en el frigorífico.

Los huevos pueden recalentarse con el marinado en un cazo, en caso de que desees consumirlos calientes.

Langostinos con apio y zanahoria

Este fresquísimo plato lo preparaba mi madre para la familia porque era ideal para alimentarnos, dada la cantidad de verduras y marisco que contiene. A menudo le añadía vieiras, cuando las encontraba en el mercado de pescado del martes. Sirve la receta con un plato de arroz basmati o fideos.

Raciones: 4
Preparación: 10 min
Cocción: 10 min

INGREDIENTES

aceite vegetal	1 cucharada
cebolla pequeña, en rodajas finas	1
palitos de apio, cortados finos	2
zanahorias medianas, peladas, cortadas finas por la mitad a lo largo	2
caldo de pollo en polvo	2 cucharadas
ajo picado o rallado	1 cucharadita
salsa de ostras	1 cucharada (y algo más, si es necesario)
vino de Shaoxing	1 cucharada
langostinos, pelados y sin intestinos (puedes abrirlos por el dorso si lo deseas: véase la receta Langostinos picantes, p. 32)	400 g (14 oz)
vieiras, cortadas por la mitad a lo ancho (opcional)	200 g (7 oz)
aceite de sésamo tostado	1 cucharadita
pasta de harina fina de maíz	2 cucharaditas
sal marina y pimienta blanca	
anacardos tostados, para decorar	un buen puñado

ELABORACIÓN

Calienta el aceite vegetal en un wok o una sartén a fuego fuerte; pon la cebolla, el apio y la zanahoria con un chorrito de agua, y sofríelos 2 minutos. Agrega, a continuación, el caldo de pollo en polvo y mézclalo con las verduras. Añade el ajo y sofríelo 2 minutos para que suelte su aroma, y luego incorpora la salsa de ostras y el vino de Shaoxing. Añade los langostinos, las vieiras y el aceite de sésamo, y remueve. Cubre con tapa o con papel de aluminio y deja cocer 1 minuto.

Si quieres más salsa, añade agua y otra cucharada de salsa de ostras; prueba y rectifica de condimento. Si prefieres una salsa más espesa, agrega la pasta de harina de maíz, una cucharadita cada vez, y lleva a ebullición, hasta que obtengas el punto deseado. Decora con los anacardos y sirve.

TRUCO

Si lo cortas todo del mismo tamaño y grosor, el proceso de cocción se acelera, por lo que este plato estará listo en cuestión de minutos, ¡algo que debe tenerse en cuenta cuando hay pequeños esperando la cena!

Arroz con verduras y huevo frito

El arroz frito es mi plato recurrente para aprovechar ingredientes y sobras. También es ideal para mis hijos porque me permite añadir más verduras a su dieta.

Raciones: 4
Preparación: 10 min
Cocción: 25 min

INGREDIENTES

aceite vegetal ..... 4 cucharadas
huevos grandes, batidos 4
cebolla pequeña, en láminas finas 1
dientes de ajo, picados finos o rallados 2
un trozo de jengibre fresco, en rodajas finas ..... del tamaño de ½ pulgar (20 g / ¾ oz)
aceite de sésamo tostado, y más para servir ..... 1 cucharadita
arroz basmati cocido y enfriado ..... 500 g (1 lb 2 oz)
salsa de soja clara, y más para servir ..... 2 cucharadas
guisantes ..... un puñado
zanahoria mediana, pelada y en rodajas finas 1
tirabeques, en tiras diagonales ..... un puñado
mazorquitas de maíz, en tiras diagonales ..... un puñado
salsa de ostras o salsa vegetariana para sofreír ..... 2 cucharadas

PARA DECORAR

cebolletas, en rodajas finas 2
chile rojo, en rodajas finas 1

ELABORACIÓN

Calienta 2 cucharadas del aceite en un wok o una sartén a fuego fuerte; añade el huevo batido y fríelo como si fuera una tortilla durante 2 minutos. Retíralo del fuego y pásalo a una fuente justo antes de que cuaje por completo (seguirá cociéndose tras haberlo retirado).

Calienta el resto del aceite en el mismo wok o sartén a fuego fuerte. Incorpora la cebolla y fríela un par de minutos hasta que se ablande un poco; añade el ajo, el jengibre y el aceite de sésamo. Agrega el arroz y déjalo cocer todo junto deshaciendo los grumos con una cuchara de madera; a continuación, añade la salsa de soja y las verduras y remueve mientras se calientan 2 minutos más. Añade el huevo al wok o la sartén, deshazlo en trocitos más pequeños con la cuchara de madera y cuécelo 5 minutos. Prueba y rectifica de sabores; pon más salsa de ostras, salsa de soja y aceite de sésamo, según convenga. Sirve el plato decorado con cebolleta y chile.

TRUCO

Las verduras congeladas, como guisantes y maíz dulce, son perfectas para este plato.

雞粉

Salmón cantonés al vapor con alubias, jengibre y cebolleta

Este es un gran favorito de mi familia. Mi madre lo preparaba para nosotros porque era rápido y fácil de hacer, estaba listo en pocos minutos, y resultaba muy nutritivo. A mis hijos les encanta y lo engullen cuando lo sirvo con arroz o fideos.

Raciones: 4
Preparación: 10 min, más 15 min de remojo
Cocción: 15 min

INGREDIENTES

judías negras fermentadas secas ... 2 cucharadas
cebolla pequeña, en láminas finas ... 1
filete de salmón ... unos 600 g (1 lb 5 oz)
jengibre fresco, en bastoncitos finos, y más para decorar ... 2 cucharadas (unos 30 g / 1 oz)
dientes grandes de ajo, picados finos o rallados ... 2
salsa de soja clara ... 1 cucharada
aceite de sésamo tostado ... 1 cucharadita
pimienta blanca ... una pizca

PARA DECORAR

cebolletas, en rodajas finas ... 2
aceite vegetal, al punto de ebullición ... ½ cucharada

ELABORACIÓN

Pon las alubias negras fermentadas en un bol pequeño resistente al calor, cúbrelas con agua hirviendo y déjalas en remojo 15 minutos.

Prepara la vaporera: llena la parte inferior con agua hasta la mitad y lleva a ebullición a fuego fuerte.

Elige una fuente resistente al calor que quepa en la vaporera y donde quepa también el pescado. Extiende la cebolla en la fuente y pon el salmón encima, con la piel hacia abajo (y de modo que no toque la fuente).

Mezcla el jengibre, el ajo, la salsa de soja, el aceite de sésamo y la pimienta en un bol, y vierte la mezcla sobre el salmón. Añade las alubias encima (después de haber desechado el líquido del remojo, que es saladísimo). Dispón un trozo de papel vegetal sobre el pescado para que el vapor no diluya el sabor.

Cuando el agua hierva, coloca la fuente con el pescado y el papel vegetal en la vaporera y tápala. Déjalo cocer unos 15 minutos, según el tamaño del filete de pescado. Cuando el salmón lleve 10 minutos de cocción, quita la tapa de la vaporera (con cuidado de no escaldarte) y decóralo con la cebolleta y con más jengibre, si quieres. Lleva el aceite vegetal a ebullición en una sartén pequeña y, a continuación, viértelo sobre la cebolleta: así potenciarás el sabor porque la cebolla se «freirá» ligeramente. ¡Olerá de maravilla! Retira el pescado de la vaporera. Ahora ya lo puedes servir.

TRUCO

Cuece las verduras encima del salmón con un trozo de papel vegetal que los separe. Te ahorrarás usar otro cazo.

Fideos udon con salsa XO

La salsa XO es un ingrediente de lujo. Cuenta la leyenda que la desarrolló un chef del prestigioso hotel Peninsula de Kowloon, Hong Kong, con marisco de calidad. Aunque tiene nombre de cognac, no contiene ni una gota de alcohol, pues el nombre más bien denota la gran calidad de sus ingredientes. Mi madre preparaba fideos con esta salsa constantemente, ya que es una manera rápida de aportar sabor a cualquier plato. Los fideos udon se encuentran ahora con facilidad, lo que es una ventaja a la hora de preparar una cena en pocos minutos. La textura y grosor de esta pasta es una delicia.

Raciones: 2
Preparación: 5 min
Cocción: 15 min

INGREDIENTES

fideos udon .... paquete de 200 g (7 oz)
aceite vegetal .... 1 cucharada
cebolla mediana, en rodajas 1
champiñones grandes, en rodajas finas 2
hojas de col napa, en rodajas finas 2
zanahoria, pelada y en rodajas finas o rallada 1
salsa XO .... 1½ cucharada
salsa de ostras .... 1½ cucharada
salsa de soja clara .... ½ cucharada
aceite de sésamo tostado .... 1 cucharadita
pimienta blanca .... ¼ de cucharadita
sal marina y pimienta blanca
cebolletas grandes, en rodajas, para decorar 1

ELABORACIÓN

Lleva un cazo pequeño lleno de agua a ebullición y añade los fideos udon; haz que el agua hierva de nuevo y los fideos se separarán. Escúrrelos y resérvalos en un colador.

Calienta el aceite vegetal en un wok o una sartén a fuego fuerte; añade la cebolla, las setas, la col y la zanahoria, y fríelo todo 2 minutos; salpica con unas gotas de agua para ayudar a ablandar las verduras. Aparta las verduras a un lado del wok o sartén, añade la salsa XO en la parte vacía y fríe 2 minutos para que desprenda el picante y el aroma. Mezcla las verduras con la salsa XO y agrega, a continuación, la salsa de ostras y la salsa de soja; mézclalo todo. Añade los fideos, remueve, cubre con la tapa y deja cocer 1 minuto para ablandar los fideos. Por último, alíñalo con el aceite de sésamo, añade la pimienta blanca y mezcla. Condimenta al gusto y remata el plato con la cebolleta.

PARA LLEVAR

Nuestro negocio familiar de comida para llevar, Man Lee, abrió el 11 de julio de 1980 y sigue funcionando. Al haber crecido en este entorno, siempre me han preguntado por nuestras recetas... Pues bien, aquí comparto unas cuantas de mis favoritas, algunas modificadas para que puedas cocinarlas en casa.

CAPÍTULO NUEVE

Rollitos de primavera vegetarianos

Los rollitos de primavera son un básico en los establecimientos de comida para llevar de Irlanda del Norte, y son facilísimos de hacer. Comprar los ingredientes por separado puede comportar que los acabes desperdiciando; optar por un paquete de verduras para sofrito oriental o usar ingredientes que se tengan en casa es más práctico, y elaborar las propias obleas, más económico. Puedes incluso añadir jamón o pollo cocido. Los rollitos pueden prepararse (sin cocer) con antelación y congelarse, y luego cocinarse directamente congelados cuando apetezcan.

Salen: 12-14
Preparación: 20-30 min si se prepara la masa desde cero
Cocción: 20 min

INGREDIENTES

aceite vegetal, para freír
obleas para rollitos compradas (o véase la receta, p. 12) ... paquete de 500 g (1 lb 2 oz)

RELLENO

aceite vegetal ... 2 cucharadas
dientes de ajo, rallados ... 3
trozo de jengibre fresco, rallado ... 20 g (¾ oz)
chile rojo, picado fino, y más para servir ... 1
salsa de soja oscura ... 3 cucharaditas
harina fina de maíz ... 1 cucharadita
aceite de sésamo tostado ... 1 cucharadita
hortalizas para el sofrito (cebolla, zanahorias, col, pimiento, brotes de soja), en trozos del mismo tamaño ... 300 g (10½ oz)
brotes de bambú, escurridos y en láminas finas a lo largo (opcional) ... un puñado
setas (champiñón blanco / champiñón marrón / shiitake / oreja de Judas), en láminas finas ... 100 g (3½ oz)
cebolleta, en rodajas finas ... 1
semillas de sésamo tostado ... 2 cucharaditas
sal marina y pimienta blanca

SALSA

vinagre negro o de vino de arroz ... 2 cucharadas
azúcar extrafino o granulado ... 1 cucharadita
salsa de soja oscura ... 1 cucharada
aceite de sésamo ... 1 cucharadita
chile en daditos (opcional)
cebolleta picada fina ... 1 cucharadita

ELABORACIÓN

Para el relleno, calienta el aceite vegetal en un wok o una sartén a fuego fuerte; añade el ajo, el jengibre y el chile; sofríe 2 minutos, con cuidado para que no se quemen. Mientras, mezcla la salsa de soja, la harina de maíz y el aceite de sésamo en un bol; añade la mezcla al wok o sartén y deja que burbujee un par de minutos. Incorpora las verduras troceadas, los brotes de bambú (si los usas) y las setas, y cocínalo todo cerca de 3 minutos. Prueba y condimenta. Pon la mezcla en una bandeja para que se enfríe. Una vez fría, incorpora la cebolleta y las semillas de sésamo.

Si elaboras las obleas desde cero, sigue las instrucciones de la página 12.

Forma un cilindro con 2 cucharadas de la mezcla del relleno, a unos 2,5 cm (1 in) del margen inferior de la oblea; dobla el margen inferior de la oblea sobre la mezcla, y a continuación el derecho y el izquierdo para crear un sobre (debe quedar prieto por los lados y la parte inferior al empezar). El rollito final debe ser un cilindro apretado y enrollado en dirección opuesta a ti. Prepara una pasta espesa con harina y un poco de agua, y sella el rollito aplicando esta pasta con el dedo. Repite el proceso hasta que termines el relleno; saldrán unos 12-14 rollitos de primavera. Si hay agujeros en las obleas, séllalos con la pasta de harina. En este punto, puedes congelarlos, si lo deseas.

Añade suficiente aceite en una sartén grande para que doble la altura de los rollitos. Para saber si el aceite está listo para freír, hunde el extremo de una cuchara de madera: han de formarse burbujitas enseguida. Con sumo cuidado, pon

3 rollitos en la sartén y fríelos unos 2 minutos por cada lado hasta dorarlos. Retíralos del aceite y escúrrelos sobre papel de cocina.

Mezcla los ingredientes para la salsa en un bol y sirve la salsa con los rollitos.

TRUCO

Un paquete de obleas listas para usar sirve para 30 rollitos. Por tanto, puedes conservar el resto de las obleas bien cerradas en el frigorífico para preparar más rollitos al cabo de unos pocos días, o bien trocearlas, freírlas hasta dorarlas y añadirlas a la Sopa congee de pollo con bastoncitos fritos (véase p. 67) a modo de picatostes.

Tostada de sésamo con langostinos

Esta tostada es uno de mis entrantes para llevar preferidos. Me encanta la combinación de los jugosos langostinos con el pan crujiente y las semillas de sésamo; una explosión de sabores. La receta es originaria de Guangzhou (la mayor región china donde se habla cantonés) y es, por eso, típica de Hong Kong (donde el cantonés es el idioma predominante). Puede prepararse de distintas maneras: aquí propongo la elaboración básica, y prometo que queda buenísima.

Salen: 4 rebanadas
Preparación: 10 min
Cocción: 15 min

INGREDIENTES

semillas de sésamo negro .... 4 cucharadas
semillas de sésamo blanco .... 4 cucharadas
langostinos, pelados y sin intestino (separados en 200 g / 7 oz y 100 g / 3½ oz) .... unos 300 g (10½ oz)
harina fina de maíz .... 3 cucharaditas
jengibre fresco rallado (o jengibre molido) .... 1 cucharadita
aceite de sésamo tostado .... 1 cucharadita
sal .... ½ cucharadita
azúcar .... una pizca
pimienta blanca .... una buena pizca
cebolletas, picadas finas 2
pan (blanco seco es ideal) .... 4 rebanadas
aceite vegetal, para freír

TRUCOS

Si usas langostinos frescos, puedes prepararlos y congelarlos antes de freírlos, ¡ahorrarás tiempo! Luego puedes freírlos o asarlos sin descongelar.

Para una opción más sana, hornea la tostada a 200 °C con ventilador (425 °F / gas 7) durante 10 minutos.

ELABORACIÓN

Esparce las semillas de sésamo sobre un plato.

Si dispones de procesador de alimentos, pon 200 g (7 oz) de los langostinos en el bol del procesador con la harina de maíz, el jengibre, el aceite de sésamo, la sal, el azúcar, la pimienta y la cebolleta y tritura hasta obtener una pasta fina. Añade los 100 g (3½ oz) restantes de langostinos y tritura con un par de pulsaciones.

Si no usas procesador de alimentos, pica los langostinos, el jengibre y la cebolleta con un cuchillo grande sobre una tabla de cortar, hasta obtener una pasta. Pon la pasta en un bol e incorpora la harina de maíz, el aceite de sésamo, la sal, el azúcar y la pimienta.

Con un cuchillo de punta roma, extiende una cuarta parte de la mezcla en una rebanada de pan. Pasa el pan, con la cara untada hacia abajo, por las semillas de sésamo. Reserva y repite el proceso con el resto de las rebanadas.

Calienta 4 cucharadas de aceite vegetal en una sartén a fuego medio. Para probar si el aceite está listo, hunde la punta de una cuchara de madera: debe burbujear enseguida. Añade 2 rebanadas de pan a la sartén, con la cara rebozada de semillas de sésamo hacia abajo, y fríelas 3-4 minutos hasta que se cocinen los langostinos; luego dales la vuelta y déjalas tostar 2-3 minutos más. Deja la tostada sobre papel de cocina, añade más aceite a la sartén y repite la operación con las otras 2 rebanadas. Si lo prefieres, puedes hornear las tostadas en lugar de freírlas (léanse los consejos).

Córtalas en triángulos y ¡buen provecho!

Sopa agripicante

Esta sopa, rápida, sencilla y reconfortante, se prepara en unos minutos con ingredientes que ya tienes en casa. Es una de mis recetas preferidas. Me encanta añadirle más vinagre negro para obtener un sabor más ácido. Para una versión más «auténtica», usa setas shiitake, oreja de Judas en láminas finas, flores de lirio secas y lonchas finas de paleta de cerdo cocida o jamón.

Raciones: 4
Preparación: 5 min
Cocción: 15 min

INGREDIENTES

caldo de pollo o vegetal	1 l (34 fl oz / 4 tazas)
salsa de soja clara	3½ cucharadas
vinagre negro o de vino de arroz	100 ml (3½ fl oz / ½ taza escasa)
ajo en gránulos (o fresco rallado)	1 cucharadita
jengibre en polvo (o fresco rallado)	1 cucharadita
chile en polvo (suave/medio/picante)	1 cucharadita
pimienta blanca	una buena pizca
sal	una pizca
setas, en láminas	100 g (3½ oz)
brotes de bambú, escurridos y en láminas finas a lo largo	100 g (3½ oz)
jamón/pollo/tofu cocidos, en lonchas finas (opcional)	un puñado
setas shiitake/oreja de Judas rehidratadas o flores de lirio (opcional)	un puñado
pasta de harina fina de maíz	3 cucharadas
huevos grandes, batidos	2
cebolletas grandes, en rodajas finas diagonales, para decorar	2

ELABORACIÓN

Añade el caldo a un cazo, con la salsa de soja, el vinagre negro o de vino de arroz, el ajo, el jengibre, el chile, la pimienta blanca y la sal, y llévalo a ebullición. Luego incorpora las setas, los brotes de bambú, la carne o tofu y los hongos shiitake / oreja de Judas o flores de lirio, y deja cocer 2 minutos. Añade 2 cucharadas de pasta de harina de maíz, para comenzar, y llévalo a ebullición. Si la sopa no es lo bastante espesa, agrega más pasta, de cucharadita en cucharadita, y deja que hierva tras cada adición.

Con una cuchara de madera, remueve la sopa; incorpora los huevos batidos y sigue removiendo para que se formen tiras de huevo. Agrega la cebolleta, prueba y pon un poco más de vinagre si quieres una sopa más ácida, o más chile si la prefieres más picante.

TRUCO

Esta sopa es ideal cuando llega un invitado vegetariano inesperado. Solo hay que cambiar la carne por las hortalizas que tengas a mano.

Sopa de pollo y maíz

Muchas personas me han pedido la receta de esta sopa. Esta es una versión fácil de un clásico para llevar que se prepara con unos pocos ingredientes habituales.

Raciones: 4
Preparación: 5 min
Cocción: 10 min

INGREDIENTES

caldo de pollo (casero o comprado) o vegetal ..... 1 l (34 fl oz / 4 tazas)
pasta de harina fina de maíz ..... 3 cucharadas
lata de maíz dulce, escurrido ..... 200 g (7 oz)
pechugas de pollo pequeñas cocidas (en lonchas o dados) o tofu 3
pimienta blanca ..... una buena pizca
sal ..... una pizca
aceite de sésamo tostado ..... 2 cucharaditas
huevos grandes, batidos 3
cebolletas, picadas finas 2

ELABORACIÓN

Añade el caldo y 2 cucharadas de pasta de harina de maíz en un cazo y llévalo a ebullición. Si el caldo no es lo bastante espeso, añade más pasta, de cucharadita en cucharadita, y deja que hierva tras cada adición. Agrega el maíz, el pollo (o tofu), la pimienta, la sal y el aceite de sésamo, y deja cocer la sopa 2 minutos más.

Vuelve a hacer hervir la sopa y, con una cuchara de madera, remuévela; incorpora los huevos batidos y sigue removiendo para que se formen tiras de huevo. Para terminar, añade la cebolleta. Prueba y rectifica de condimentos.

TRUCOS

Para una versión vegetariana, cambia el pollo por tofu y añade media lata grande de maíz cremoso para aportar cuerpo y dulzor a la sopa.

Tofu con sal y chile y arroz basmati perfecto

El condimento chino de sal y chile lleva chile fresco, pimienta, sal y polvo de cinco especias chinas. Ahora se encuentra en todas partes, y una buena manera de servirlo es con tofu crujiente. También incluyo un método sencillo para preparar el mejor arroz basmati en la misma olla.

Raciones: 4
Preparación: 10 min
Cocción: 30 min

INGREDIENTES

arroz basmati ... 200 g (7 oz / 1 taza)
aceite vegetal
cebolla, en láminas ... 1
pimiento verde, sin semillas y en rodajas ... 1
diente grande de ajo, rallado ... 1
jengibre fresco rallado ... 1 cucharada
chile rojo fresco, en rodajitas ... 1
aceite de sésamo ... 1 cucharadita
cebolletas, para decorar

TOFU FRITO

tofu firme, en dados de 1,5 × 1,5 cm / (½ × ½ in) ... unos 450 g (1 lb)
aceite de sésamo ... 1 cucharadita
salsa de soja clara ... 1 cucharada
harina fina de maíz ... 4 cucharadas
sal y pimienta blanca ... una buena pizca
aceite vegetal, para freír

MEZCLA DE ESPECIAS

sal ... ½ cucharada
polvo de cinco especias chinas ... 2 cucharaditas
azúcar extrafino ... ½ cucharada
pimienta blanca molida ... 1 cucharadita
copos de guindilla (opcional) ... 1 cucharadita

ELABORACIÓN

Pon el arroz en una olla, cúbrelo con agua fría y elimina el agua blanquecina de almidón. Repite la operación: escurre el arroz tres veces o hasta que el agua salga limpia. Después, vuelve a poner el arroz en la olla y agítalo de un lado a otro para que se nivele. Añade suficiente agua fría para que, al tocar el arroz con el dedo corazón, el agua alcance el primer nudillo. Llévalo a ebullición, baja el fuego, tapa la olla y déjalo cocer 10-15 minutos. Cuando se haya evaporado toda el agua, apaga el fuego.

Precalienta el horno a 160 °C con ventilador (350 °F / gas 4).

Deja el tofu sobre papel de cocina para que suelte el máximo de agua al menos 10 minutos. Pon el tofu en un bol, rocíalo con el aceite de sésamo y la salsa de soja, y remueve. En otro bol, mezcla la harina de maíz con la sal y la pimienta. Reboza el tofu con la mezcla. Añade aceite vegetal a una sartén de base gruesa o wok hasta una profundidad de 1 cm (½ in) y caliéntalo a fuego fuerte. Prueba la temperatura con la punta de una cuchara de madera: cuando se formen burbujitas alrededor, el aceite estará listo. En 2 tandas, dora el tofu 5 minutos y retíralo; disponlo sobre una bandeja y mantenlo caliente y crujiente en el horno. Cuela el aceite de la fritura en un bol para reutilizarlo.

Mezcla las especias en un bol.

Con papel de cocina, cuela de nuevo el aceite de la fritura en la sartén o el wok, y a fuego fuerte añade la cebolla y cocínala 2 minutos. Agrega el pimiento, el ajo, el jengibre y el chile. Cocina 2 minutos e incorpora la mitad de la mezcla de especias y remueve. Añade enseguida el tofu crujiente; vierte el aceite de sésamo alrededor de la sartén o wok y mézclalo todo.

Pollo agridulce cantonés

Esta receta fue la primera que compartí en las redes sociales durante el confinamiento. Era, y sigue siendo, un plato con una gran demanda. Todavía recibo fotografías de personas que preparan en casa este clásico para llevar. El pollo agridulce cantonés satisface el capricho de tomar comida oriental y esta receta es fácil de preparar.

Raciones: 4
Preparación: 10 min
Cocción: 20 min

INGREDIENTES

POLLO

pechugas de pollo, en dados ... 500 g (1 lb 2 oz)
sal ... ½ cucharadita
pimienta blanca ... ½ cucharadita
huevos grandes, batidos ... 2
harina blanca ... 75 g (2½ oz / ½ taza generosa)
harina fina de maíz ... 75 g (2½ oz / ½ taza generosa)
aceite vegetal, para freír

SALSA AGRIDULCE

agua ... 1 taza (250 ml / 8 fl oz / 1 taza)
azúcar extrafino o granulado ... 100 g (3½ oz / ½ taza)
concentrado de tomate ... 115 g (4 oz)
vinagre blanco destilado ... 125 ml (4¼ fl oz / ½ taza generosa)
pasta de harina fina de maíz (opcional) ... 1 cucharada

VERDURAS

aceite vegetal ... 1 cucharada
cebolla grande, en láminas ... 1
pimiento rojo, sin semillas y cortado en tiras ... 1
zanahoria grande, pelada y cortada en medios círculos ... 1
tomate grande, cortado en cuñas ... 1
cebolleta, para decorar (opcional)

ELABORACIÓN

Precalienta el horno a 160 °C con ventilador (350 °F / gas 4).

Salpimienta el pollo. Pon los huevos en un bol poco hondo y mezcla la harina blanca con la harina de maíz en otro bol. Moja el pollo en el huevo batido, pásalo por la harina y rebózalo.

Añade el aceite vegetal a un wok o una sartén de base gruesa hasta alcanzar una profundidad de 1 cm (½ in) y caliéntalo a fuego fuerte. Prueba la temperatura del aceite con una cuchara de madera. Cuando se formen burbujitas, estará listo. Fríe el pollo por tandas durante 5 minutos, hasta que se dore; escúrrelo sobre papel de cocina, transfiérelo a una bandeja y mételo en el horno para mantenerlo caliente y crujiente.

Para la salsa agridulce, pon el agua y el azúcar en un cazo y deja que el azúcar se disuelva a fuego lento; a continuación, agrega el puré de tomate y el vinagre. Deja que la salsa se cueza y sigue removiendo para deshacer grumos; luego lleva a ebullición para dejar que caramelice un par de minutos. Resérvala.

Calienta el aceite vegetal en un wok o una sartén a fuego fuerte; añade la cebolla y sofríela 2 minutos (añade unas gotas de agua para ablandarla); agrega el pimiento, la zanahoria y el tomate. Incorpora la salsa y déjala 3-5 minutos para que se caramelice un poco más. Si no es lo bastante espesa, añade pasta de harina de maíz, de cucharadita en cucharadita, dejando que la salsa hierva entre una adición y la siguiente, hasta obtener la consistencia deseada. Añade el pollo del horno y mézclalo con la salsa y las verduras lo más rápido que puedas. Sírvelo inmediatamente con arroz.

TRUCO

Para una opción más sana, no reboces el pollo.

Ternera con salsa de judías negras

Las judías negras son un ingrediente fabuloso: aportan sabor umami y pueden prepararse como salsa con unos pocos ingredientes más. No hay que confundir las judías negras chinas con los frijoles mexicanos, ¡son completamente distintos! Las judías negras chinas son, en realidad, habas de soja fermentadas.

Raciones: 4
Preparación: 10 min, más al menos 15 min de marinado (mejor toda la noche)
Cocción: 20 min

INGREDIENTES

SALSA DE JUDÍAS NEGRAS

judías negras fermentadas secas (o ya remojadas, en lata) ... 3 cucharadas
un poco de aceite vegetal (si es necesario)
cebolla grande, en trozos grandes ... 1
raíz de jengibre rallada ... trozo del tamaño de ½ pulgar (unos 20 g / ¾ oz)
dientes grandes de ajo, rallados ... 2
cubito de caldo de pollo, desmenuzado ... ½
pimiento rojo grande, sin semillas y en dados grandes ... 1
azúcar extrafino (opcional) ... ½ cucharadita
pasta de harina de maíz ... 1 cucharada
cebolletas, cortadas en diagonal ... 2
sal marina y pimienta blanca

CARNE

redondo de ternera, en lonchas cortadas en perpendicular a la fibra (o filete) ... unos 500 g (1 lb 2 oz)
salsa de soja clara ... 1½ cucharadas
aceite de sésamo tostado ... 1 cucharadita
harina fina de maíz ... 2 cucharaditas
vino de Shaoxing (o mirin, vino blanco o agua) ... 1 cucharada
aceite vegetal ... 1 cucharada

ELABORACIÓN

Pon las judías negras fermentadas en un bol pequeño resistente al calor, cúbrelas con agua hirviendo y déjalas en remojo 15 minutos.

Añade la carne a un bol con la salsa de soja, el aceite de sésamo, la harina de maíz y el vino de Shaoxing, remueve y déjala marinar al menos 15 minutos (o en el frigorífico toda la noche).

Calienta el aceite vegetal para la carne en un wok o una sartén a fuego fuerte; añade la carne marinada y fríela 2 minutos hasta que adquiera algo de color pero siga rosada, sin que esté hecha del todo. Pasa la carne a un cuenco o fuente.

Calienta un poco de aceite vegetal en la misma sartén, a fuego fuerte. Pon la cebolla y un chorrito de agua para ayudar a que se ablande y cocínala 2-3 minutos (el agua también ayudará a eliminar la grasa de la sartén). Añade el jengibre y el ajo, fríelos 1 minuto para que desprendan su aroma y agrega las judías (escurridas) y el cubito de caldo desmenuzado. Sofríelo todo 1 minuto más y añade el pimiento y la carne con 200-250 ml (7-8½ fl oz / 1 taza escasa-1 taza) de agua; deja que se reduzca un par de minutos. Prueba y rectifica de sabores (debería ser lo bastante salado). Si es demasiado salado, añade el azúcar o más agua para rectificar el sabor, y, a continuación, la pasta de harina de maíz, de cucharadita en cucharadita, hasta que obtengas el espesor deseado. Agrega la cebolleta y sirve con arroz basmati o fideos.

TRUCO

Las judías negras fermentadas pueden adquirirse en supermercados de alimentación asiática o por internet y no son nada caras.

Las que sobren, secas o rehidratadas, se pueden conservar en el congelador hasta seis meses.

ESPECIALIDADES OCCIDENTALES DE HONG KONG

Hong Kong constituye la meca de innumerables culturas gastronómicas: encontramos infinidad de platos típicos de allí que han llegado a otros rincones del mundo y se han puesto de moda.

Los *cha chaan teng* de Hong Kong son cafeterías de estilo occidental. Surgieron después de la Segunda Guerra Mundial, concretamente, en la década de 1950, a fin de proporcionar alimentos de la cocina occidental económica a las familias humildes.

Yo crecí con platos de este estilo cocinados en casa (y cuando visitaba Hong Kong, claro).

La casa de mis abuelos en Hong Kong se halla en un pequeño pueblo de pescadores llamado Tai Mei Tuk. En su patio regentaban un *cha chaan teng* para viajeros. A finales de la década de 1960, mis abuelos se trasladaron a Blackburn, en el Reino Unido, y aunque su establecimiento ya no existe, en Hong Kong hay un par de ellos, cerca de su casa, donde como cuando voy allí.

CAPÍTULO DIEZ

Panecillo con carne enlatada y huevo

El bocadillo de carne -o jamón- con huevo es típico de las cafeterías de Hong Kong. Es lo primero que tomaba cuando me levantaba por la mañana en la ciudad. Hay un *cha chaan teng* al salir de nuestra antigua casa de Tai Mei Tuk, en Tai Po. El huevo se cuece con un poco de caldo de pollo en polvo, lo cual le otorga un sabor muy rico.

A mis hijos les gusta tanto como a mí, pero no solemos prepararlo con pan blanco ni carne enlatada, o sea que ha pasado a ser un panecillo con jamón y huevo (¡típico de Irlanda del Norte!).

Raciones: 2
Preparación: 5 min
Cocción: 5 min

INGREDIENTES

aceite vegetal ..... un chorro
huevos grandes, batidos, con una buena pizca de caldo de pollo en polvo o sal 4
lonchas finas de carne enlatada (o jamón) 6
mantequilla, para untar
panecillos 2
o pan grueso ..... 4 rebanadas

ELABORACIÓN

Calienta el aceite vegetal en una sartén a fuego bajo, añade los huevos con el caldo de pollo en polvo o sal y cocínalos como una tortilla: cuando el huevo esté listo por abajo y aún crudo por arriba, dobla los extremos hacia el centro con un tenedor o una cuchara de madera para centrarlo en la sartén. Así conseguirás que tenga una textura esponjosa. Cocínalo 2 minutos, pero no demasiado para no hacer el huevo en exceso. Transfiérelo a un plato.

En la misma sartén, fríe la carne enlatada o el jamón 2-3 minutos a fuego fuerte para dorarlo por ambos lados.

Unta el pan con mantequilla y pon el huevo y el jamón o carne en el interior. ¡A nosotros nos encanta con kétchup!

Té caliente con leche y té frío al limón

El té caliente de Hong Kong es toda una institución, al punto que, en 2017, el Departamento de Servicios de Ocio y Cultura declaró la técnica de la preparación de este té con leche como un bien cultural inmaterial de Hong Kong.

Para prepararlo, se usan bolsitas de té Lipton (la marca principal de Hong Kong). Se sumergen las bolsitas en agua durante como mínimo 5-10 minutos, según lo fuerte que se desee el té.

La adición de leche condensada y leche evaporada dan al té su característico sabor cremoso.

Para el té frío con limón se usa el mismo té, pero con mucho limón chafado con una cuchara para que suelte su zumo. La combinación de los sabores azucarado, dulce y ácido es idónea para saciar la sed.

Sale: 1 bebida

INGREDIENTES

TÉ CALIENTE CON LECHE

bolsitas de té Lipton 4
leche condensada ..... 1-2 cucharadas
leche evaporada ..... 4-6 cucharadas

ELABORACIÓN

Pon las bolsitas en un cazo, llénalo con 600 ml (20 fl oz / 2½ tazas) de agua y llévalo a ebullición; luego baja el fuego y déjalo hervir 5-10 minutos, según lo fuerte que quieras el té. Pon la leche condensada en un vaso o taza resistente al calor, vierte el té encima y al final la leche evaporada. Remueve con una cuchara y pruébalo. Añade más leche condensada si te gusta muy dulce (a mí me encanta) o evaporada para un sabor más lácteo.

INGREDIENTES

TÉ FRÍO AL LIMÓN

bolsitas de té Lipton 4
azúcar o endulzante ..... 1-2 cucharaditas
rodajas de limón ..... al menos 5
cubitos de hielo

ELABORACIÓN

Pon las bolsitas en un cazo, llénalo con 600 ml (20 fl oz / 2½ tazas) de agua y llévalo a ebullición; baja el fuego y déjalo hervir 5-10 minutos, según lo fuerte que quieras el té. Déjalo enfriar. Añade el azúcar al vaso. Agrega el té frío, las rodajas de limón y el hielo. Remueve bien, chafando las rodajas de limón con la cuchara para darle sabor al té.

TRUCO

Si no encuentras bolsitas de té Lipton de etiqueta amarilla, usa las bolsitas de té English Breakfast más fuertes que tengas.

Torrijas al estilo Hong Kong

Estas torrijas lo tienen todo: pan con huevo, relleno de mantequilla de cacahuete y un toque final de leche condensada. Suelen servirse con una bolita de mantequilla que se funde encima, ¡pero creo que no la necesitan! En Hong Kong, la cocina occidental se consideraba sofisticada y las torrijas eran uno de los platos que se añadían al menú para ofrecer algo exótico a los residentes en Hong Kong.

Allí suelen recortar la corteza del pan antes de freírlo, pero a mí no me gusta desperdiciar la comida, de modo que la dejo tal cual.

Raciones: 2
Preparación: 10 min
Cocción: 5 min

INGREDIENTES

mantequilla de cacahuete (o manteca de frutos secos al gusto) .... 2 cucharadas colmadas
pan blanco grueso .... 4 rebanadas
huevos grandes, batidos 2
mantequilla, para freír .... 1 cucharada
leche condensada, para decorar

ELABORACIÓN

Extiende la mantequilla de cacahuete sobre dos rebanadas de pan y coloca las otras dos rebanadas encima. Pon el huevo batido en un bol ancho y poco hondo. Pasa los bocadillos por el huevo batido de modo que queden bien recubiertos.

Derrite la mantequilla en una sartén a fuego medio, añade un sándwich y fríelo 2-3 minutos por cada lado; a continuación, con cuidado y ayudándote de unas pinzas, fríe también los cuatro lados. Repite la operación con el otro sándwich y acaba decorándolos con hilos de leche condensada.

TRUCO

El pan se tuesta rápido, por lo que deberás trabajar deprisa para que no se queme.

Sopa de macarrones con carne enlatada

Un plato reconfortante. Puede parecer extraño, pero en Hong Kong se toma de desayuno. La unión de culturas dio lugar a este plato de pasta y a un delicioso caldo de pollo rematado con jamón o carne enlatada.

Yo le añado guisantes, zanahoria y maíz para aumentar el consumo de verduras de mis hijos y obtener un plato más completo.

Raciones: 2
Preparación: 5 min
Cocción: 10 min

INGREDIENTES

- sal ... una buena pizca
- macarrones ... 100 g (3½ oz)
- caldo de pollo ... 500 ml (17 fl oz / 2 tazas)
- verduras congeladas variadas (zanahorias, maíz y guisantes) ... un buen puñado
- aceite de sésamo tostado ... 2 cucharaditas
- salsa de soja clara ... 2 cucharaditas
- aceite vegetal ... 1 cucharadita
- carne enlatada o jamón, en lonchas finas o troceados ... 200 g (7 oz)
- sal marina y pimienta blanca
- huevos (opcional)

ELABORACIÓN

Lleva a ebullición una olla grande llena de agua; pon una buena pizca de sal, añade la pasta y cocínala según las instrucciones del envase, pero reduce el tiempo de cocción al menos 1 minuto para que quede al dente. Escurre la pasta y ponla en boles. Resérvala.

Añade el caldo de pollo a la olla, junto con las verduras, el aceite de sésamo y la salsa de soja, y lleva a ebullición. Prueba y rectifica de sabores, y luego vierte la mezcla sobre la pasta, en los boles.

Calienta el aceite vegetal en una sartén a fuego fuerte. Incorpora los trozos de carne o jamón y fríelos un par de minutos para que queden crujientes. Reparte la carne o el jamón entre los boles y, si deseas una sopa más gustosa, ¡añade un huevo frito!

Bocadillo de carne enlatada y huevo

Es un clásico en muchas cafeterías de Hong Kong. El uso de la carne enlatada (*corned beef*) se inició con el comercio con los países de la Commonwealth, y simboliza la comida occidental.

El sabor salado de la carne enlatada combinado con el huevo esponjoso servido en una tostada crujiente completa un apetecible sándwich. Se pueden añadir unas gotas de leche o de leche evaporada para que los huevos queden más cremosos.

Raciones: 4
Preparación: 5 min
Cocción: 5 min

INGREDIENTES

carne enlatada ..... 350 g (12 oz)
huevos grandes 6
leche o leche evaporada (opcional) ..... unas gotas
pimienta blanca molida ..... una buena pizca
pan tostado ..... 8 rebanadas
mantequilla, para untar

ELABORACIÓN

Añade la carne enlatada a una sartén a fuego medio (no es necesario usar aceite porque la carne ya lleva) y caliéntala para que se desmenuce y se tueste un poco.

Bate los huevos en un bol y añade unas gotas de leche o leche evaporada (si lo deseas) y la pimienta blanca. Vierte esta mezcla sobre la carne enlatada, baja el fuego y cocina los huevos 2 minutos, usando una cuchara de madera para empujar los ingredientes hacia el centro de la sartén y aunar la mezcla. Procura no cocer los huevos en exceso.

Tuesta el pan y úntalo con mantequilla, luego pon encima la mezcla de huevo y carne, ¡y a disfrutar!

Sopa de macarrones con carne enlatada 152

Bocadillo de carne enlatada y huevo 153

Sopa de rabo de buey de mi madre

Mi madre preparaba esta sopa regularmente, un plato del que todo el mundo siempre desea repetir. Conocida como *lo sung tong* (sopa rusa), la receta llegó a Hong Kong en la década de 1920. Con las medidas para los ingredientes que pongo, sale una olla grande, pero como no podrás evitar repetir, no durará mucho.

Raciones: 8
Preparación: 15 min
Cocción: 2 h

INGREDIENTES

rabo de buey o costillas ... unos 750 g (1 lb 10 oz)
aceite vegetal ... 2 cucharadas
cebolla grande, troceada bastamente ... 1
zanahorias medianas, peladas y troceadas ... 2
ramas de apio grandes, troceadas ... 2
dientes grandes de ajo, picados ... 6
tomates grandes, en rodajas ... 4
lata de tomates troceados ... 400 g (14 oz)
azúcar extrafino ... 2 cucharaditas
col de hoja lisa, troceada ... 1 (unos 600 g / 1 lb 5 oz)
hojas de laurel ... 3
concentrado de tomate ... 4 cucharadas
salsa Worcestershire ... 3 cucharadas
pimentón ... 3 cucharaditas
caldo de pollo o ternera (yo uso el caldo de hervir el rabo / las costillas) ... 1,5 l (50 fl oz / 6¼ tazas)
patatas blancas grandes, peladas y en dados ... 2
sal marina y pimienta blanca
pasta de harina fina de maíz

ELABORACIÓN

Pon el rabo de buey o las costillas en una olla, cúbrelo con agua (hasta al menos 5 cm / 2 in por encima de la carne), lleva a ebullición y deja cocer 10 minutos, retirando la espuma que aflore. Escurre la carne y resérvala. Conserva el caldo para usarlo más tarde en lugar del caldo de carne o de pollo, si lo deseas.

Calienta el aceite en un cazo u olla grande a fuego fuerte; añade la cebolla, la zanahoria, el apio y el ajo, y sofríelos 5 minutos, hasta que el ajo desprenda su aroma; vigila que las demás hortalizas no se quemen: si hace falta, añade unas gotas de agua. Añade el tomate fresco, el tomate enlatado, el azúcar, la col, las hojas de laurel, el concentrado de tomate, la salsa Worcestershire y el pimentón, y a continuación el rabo de buey o costillas. Incorpora el caldo reservado o el caldo de pollo o carne; llévalo todo a ebullición y déjalo cocer 45 minutos. Agrega la patata y déjala cocer 30 minutos más para que se ablande. Prueba y rectifica de sal y pimienta, y si deseas un sabor más intenso, añade más salsa Worcestershire. La sopa está lista en 1 hora 15 minutos, pero yo prefiero dejarla cocer al menos 30 minutos más, hasta que la carne quede bien tierna.

TRUCO

Esta sopa sabe incluso mejor al día siguiente, si eres capaz de resistir la tentación de acabártela el primer día.

PAN y DULCES

Intentar elegir mis panes y recetas dulces preferidas para este capítulo fue una tarea difícil, pero me guiaron mis pequeños, y ¡aquí están nuestros cinco favoritos! El pan de leche chino es versátil y ofrece la base para los bollos con piña, los panecillos para salchichas de Frankfurt y los bollos de coco. El *dan tat* y las natillas de mango son clásicos de dim sum, imprescindibles en tu lista de recetas que hay que probar. Las galletas de almendra y las barritas de sésamo son tentempiés ideales que se conservan bien (a pesar de que en casa no duran nunca más de dos días).

CAPÍTULO ONCE

Pan de leche chino

Con este dulce pasa lo mismo que con el brioche: cuando empiezas a comer, no puedes parar. La masa se prepara con una base de roux mezclada con harina, azúcar, leche condensada y mantequilla. La base también se usa para otros panes chinos, como el pan de piña o el de coco.

Sale: 1 barra
Preparación: 30 min, más 2 h de fermentación
Cocción: 30-40 min

INGREDIENTES

levadura .... 8 g (⅓ oz)
leche tibia, y más para pintar .... 125 ml (4¼ fl oz / ½ taza generosa)

ROUX

harina blanca .... 2½ cucharadas
leche entera .... 65 ml (2 fl oz / ¼ taza)
agua .... 55 ml (1¾ fl oz / 3½ cucharadas)

MASA

harina blanca .... 350 g (12 oz / 2¾ tazas)
azúcar extrafino .... 35 g (1¼ oz / 3 cucharadas)
sal .... 3 g
huevo mediano 1
leche condensada .... 40 g (1½ oz)
mantequilla, fundida, y más para engrasar .... 60 g (2¼ oz)

SIROPE

azúcar extrafino .... 50 g (1¾ oz / ¼ taza)
agua hirviendo .... 50 ml (1¾ fl oz / 3½ cucharadas)

ELABORACIÓN

Añade la levadura a la leche tibia y remueve a fin de activarla (se formará espuma en la superficie).

Para la masa, sigue las instrucciones para la Masa de pan de la página 12.

Desgasifica la masa hinchada y divídela en tantas porciones como desees. Acuérdate de meter los lados de los bollos. Unta con mantequilla un molde metálico de 900 g (2 lb). Alinea los bollos en el molde preparado y cúbrelos de nuevo. Deja el molde en un lugar cálido 30-40 minutos hasta que el pan doble de tamaño.

Precalienta el horno a 160 °C con ventilador (350 °F / gas 4). Pinta la parte superior con leche, vigilando para que no gotee mucho hacia los lados o el pan se pegará al molde. Hornea el pan en la parte inferior del horno 30-40 minutos, hasta que se dore.

Mientras el pan se cuece, prepara un sirope disolviendo el azúcar en agua y dejándolo enfriar. En cuanto saques el pan del horno, píntalo enseguida con el sirope.

TRUCO

En caso de que no dispongas de amasadora, deja reposar la masa cuando hayas mezclado todos los ingredientes; así se desarrollará el gluten y la masa resultará más fácil de trabajar.

Dan Tat

Esta es una tartaleta cantonesa de huevo típica resultado de la influencia británica. Pero la versión de Hong Kong se elabora con masa hojaldrada en lugar de con masa quebrada, con huevo y leche evaporada. Es un dulce que me encanta, y era todo un capricho dim sum por el que me peleaba con mis hermanos.

Salen: 16 tartaletas
Preparación: 30 min, más enfriamiento (preferiblemente toda la noche)
Cocción: 20 min

INGREDIENTES

MIGAS DE MANTEQUILLA

harina blanca .... 100 g (3½ oz / ¾ de taza)
mantequilla congelada, rallada (guárdala en el congelador hasta su uso) .... 150 g (5 oz)

MASA HOJALDRADA

harina blanca .... 200 g (7 oz / 1⅔ tazas)
azúcar glas, tamizado .... 50 g (1¾ oz / ⅓ de taza generosa)
huevo pequeño 1
aceite vegetal, para engrasar

RELLENO DE HUEVO

azúcar glas, tamizado .... 75 g (2½ oz / ½ taza generosa)
huevos medianos 5
leche evaporada .... 120 g (4¼ oz)
extracto de vainilla .... 1 cucharadita

ELABORACIÓN

Para la masa hojaldrada con migas de mantequilla, sigue las instrucciones de la página 12.

Para el relleno, disuelve el azúcar en 160 ml (5½ fl oz / ⅔ de taza) de agua caliente; incorpora los huevos batiéndolos y, a continuación, la leche evaporada y el extracto de vainilla; cuélalo por un colador fino, cúbrelo y resérvalo en el frigorífico.

Extiende la masa entre las dos láminas de papel film de modo que la envuelvan, hasta darle un espesor de 2-3 mm (1/16-⅛ in); luego córtala en 16 discos con un cortapastas rizado de 12 cm (5 in) y dispón cada disco en un molde estriado de 8 cm (3 in). Con los dedos, presiona la masa hacia el fondo y los lados del molde, pero no los bordes superiores: si aplastas la masa, no formará las capas de hojaldre. Recorta los bordes que sobresalgan y coloca los moldes en una bandeja de horno resistente. Reserva las bases de masa en el frigorífico 5-10 minutos para que se endurezcan (se hornean mejor si se han refrigerado).

Precalienta el horno a 180 °C con ventilador (400 °F / gas 6), con una bandeja boca abajo en el estante del medio. Al hornear los *dan tats* sobre esta superficie, las bases quedarán crujientes y no pastosas.

Vierte la mezcla de huevo en las bases de masa para rellenarlas hasta un 70 %. Trasládalas al horno con cuidado y déjalas cocer (sobre la bandeja girada caliente) 10 minutos; luego baja el fuego a 140 °C con ventilador (325 °F / gas 3) y hornea 10 minutos más. Si el relleno empieza a subir por el medio, abre la puerta del horno unos 15 segundos y vuélvela a cerrar. El centro de las tartaletas debe quedar algo suelto y cuajar tras 5 minutos de reposo. Espera unos 10 minutos antes de intentar desmoldar los *dan tats*. ¡Buen provecho!

Natillas de mango

En Hong Kong existen muchos establecimientos especializados en postres a base de fruta. Uno de mis favoritos -y de mi marido- es el pudin de mango. Suelen presentarlo desmoldado, pero como quiero reproducir la receta de la manera más sencilla posible, no deberás preocuparte de que cuaje y servirlo como si fueran unas natillas.

Raciones: 6
Preparación: 5 min, más al menos 4 h para enfriar

INGREDIENTES

azúcar extrafino ..... 75 g (2½ oz / ⅓ de taza)
gelatina en polvo ..... 1 cucharada colmada
extracto de vainilla ..... 1 cucharadita
leche evaporada, y más para servir ..... 350 ml (12 fl oz / 1½ tazas)
puré de mango en lata, y más para servir ..... 350 ml (12 fl oz / 1½ tazas)
mango fresco en láminas, para servir

ELABORACIÓN

Añade 150 ml (5 fl oz / ⅔ de taza escasa) de agua hirviendo en una jarra medidora de 1 l (34 fl oz / 4 tazas); agrega el azúcar y la gelatina en polvo y remueve para que se disuelvan. Añade el extracto de vainilla, la leche evaporada y el puré de mango, y tritúralo todo bien con la batidora de mano. Vierte la mezcla en un bol limpio a través de un colador y a continuación repártela entre seis vasitos. Cúbrela con papel film y déjala reposar en el frigorífico al menos 4 horas o toda la noche.

Cuando vayas a servirla, añade una capa de leche evaporada y un poco de puré de mango. Decora con las láminas de mango y sirve.

Galletas de almendra y cacahuete

Las galletas de almendra son típicas en la celebración del Año Nuevo Chino. Datan del siglo XVI y se dice que traen buena suerte. Para hacerlas más crujientes, les añado cacahuetes tostados y son todo un éxito: mis hijos les ponen una buena nota.

Salen: unas 18 galletas
Preparación: 10 min
Cocción: 12 min

INGREDIENTES

mantequilla fría, rallada .... 100 g (3½ oz)
harina blanca .... 125 g (4¼ oz / 1¼ tazas)
bicarbonato .... ¼ de cucharadita
almendras molidas .... 125 g (4¼ oz / 1½ tazas)
azúcar granulado .... 100 g (3½ oz / ½ taza escasa)
huevo pequeño, batido 1
extracto de almendra .... 1½ cucharaditas
cacahuetes tostados sin sal, troceados .... 50 g (1¾ oz)
almendras enteras, para decorar .... unas 18
huevo, batido, para el glaseado 1

ELABORACIÓN

Precalienta el horno a 160 °C con ventilador (350 °F / gas 4) y forra dos bandejas de horno con papel vegetal.

Añade la mantequilla rallada a un bol, con la harina y el bicarbonato, y frota la mezcla entre los dedos hasta obtener una especie de migas arenosas. Incorpora las almendras molidas y el azúcar, y luego el huevo, el extracto de almendra y los cacahuetes, y mezcla con un cuchillo o una cuchara de madera hasta obtener una masa sólida.

Divide la masa en 18 trozos, dales forma de bolas y repártelas sobre las bandejas (las galletas se chafarán un poco, por lo que conviene dejar espacio entre ellas). Con la palma de la mano, aplánalas ligeramente. Coloca una almendra sobre cada galleta y píntala con el huevo batido.

Hornea las galletas unos 12 minutos, hasta que se doren. Sácalas del horno y déjalas en las bandejas unos 10 minutos para que endurezcan y no se rompan; se desmigajan fácilmente.

TRUCO

No manipules demasiado la mantequilla para que no se derrita. Si se derrite, pon las galletas 15 minutos en el frigorífico antes de hornearlas para que endurezcan.

Barritas de sésamo blanco y negro

El guirlache de sésamo es delicioso y adictivo. Estas barritas contienen dos tipos de semillas de sésamo y cacahuetes, y resultan irresistibles. Si te apetece un capricho, este es perfecto porque además es rico en proteínas.

Salen: 12 barritas
Preparación: 10 min, más 1 h para enfriar
Cocción: 10-15 min

INGREDIENTES

cacahuetes pelados sin sal	200 g (7 oz)
semillas de sésamo blanco	100 g (3½ oz)
semillas de sésamo negro	100 g (3½ oz)
azúcar granulado	325 g (11½ oz / 1½ tazas más 2 cucharadas)
mantequilla, fundida	50 g (1¾ oz)

ELABORACIÓN

Forra una bandeja de horno cuadrada de 20 cm (8 in) con papel vegetal.

Tuesta los cacahuetes y las semillas de sésamo en una sartén sin nada de grasa a fuego bajo-medio un par de minutos (vigila que no se quemen); resérvalos en un plato.

Limpia la sartén con un trapo (debe estar limpísima) y añade el azúcar. Extiende el azúcar con la palma de la mano y pon la sartén a fuego bajo. Cuando los márgenes del azúcar se derritan y se doren, el resto se caramelizará enseguida: mueve la sartén de lado a lado para que el caramelo se dore por igual y se derritan todos los gránulos. No uses una cuchara para removerlo, ya que cristalizaría enseguida y echaría a perder el caramelo. El caramelo tarda unos 10 minutos en estar listo: ¡ten paciencia!

Rápidamente, añade la mantequilla derretida y remueve con una espátula hasta obtener una salsa espesa (solo tardará unos segundos, por lo que debes tener el resto de los ingredientes a punto). Añade los cacahuetes y las semillas de sésamo, remueve rápido y vierte el contenido en la bandeja forrada. Presiona con otra lámina de papel vegetal para que la mezcla se extienda uniformemente. Marca las 12 barritas en la parte superior para que luego sea fácil partirlas.

Deja que se enfríen por completo (tardará alrededor de 1 hora) y corta las barritas con un cuchillo afilado. Se conservan en un recipiente hermético hasta dos semanas, ¡pero a nosotros nunca nos duran más de una!

TRUCO

Puedes preparar las barritas con avellanas, almendras o cualquier otro fruto seco. Pero primero tuéstalos para potenciar su sabor.

ACERCA DE LA AUTORA

Suzie Lee es cocinera y ganadora de la edición de 2020 del premio a la mejor cocina casera *Best Home Cook* de la BBC y presentadora del programa *Suzie Lee Home Cook Hero*. De padres originarios de Hong Kong, creció en Irlanda del Norte y aprendió a cocinar con su madre, Celia, que falleció cuando Suzie contaba solo dieciséis años. Incluso antes de ganar el premio *Best Home Cook*, siempre le pedían sus recetas y trucos de cocina. Suzie está convencida de que la cocina debe ser divertida, sencilla y querida por todos, de modo que aquí incluye platos favoritos de su familia que cualquiera puede preparar. Suzie ofrece demostraciones de cocina en múltiples certámenes del Reino Unido y ha trabajado con un supermercado líder de Irlanda del Norte para desarrollar una nueva línea de platos preparados.

AGRADECIMIENTOS

La lista de personas a las que deseo dar las gracias es interminable..., pero voy a intentarlo.

En primer lugar, mi agradecimiento es para mi madre, Celia, que por desgracia ya no está con nosotros. Es mi inspiración en todos los aspectos de mi vida y, principalmente, me trasladó su amor por la comida. Es la mujer que me inculcó la determinación para esforzarme al hacer cualquier cosa. Gracias, mamá, ¡este libro es para ti!

Mi esposo, Stevie, que desde 2001 es el yin de mi yang, la voz de la razón en momentos de dudas y desespero, y la persona que me anima cuando lo necesito. Él estaba ahí para apoyarme cuando no había nadie más.

Gracias a mis dos diablitos, Zander y Odie, por comer todo lo que les pongo delante. A veces eran críticos difíciles de complacer, pero su capítulo preferido es el dedicado a los dumplings y el dim sum.

A mis hermanos, Angela, Winnie, Veronica y Timmy, porque todos han participado de algún modo en el libro. A mi padre, Peter, por ayudarme a recordar los platos de mamá y por ser mi tabla de salvación con algunas recetas.

A mi cuñada, Kirsty Lee, gracias por ayudarme a mantener la etiqueta gastronómica china y aportar ideas para las recetas.

A mis principales probadores de recetas, Jonny Baxter, Jill Caskey y Odhran Devlin, gracias por vuestras sinceras opiniones.

A Anne Kibel, que se la jugó conmigo y se convirtió en mi maravillosa agente. Me dijo que me centrara en mi factor diferencial étnico... Si no hubiese insistido en ello, yo no habría creado este libro de cocina. ¡Creyó en mí y aquí estamos!

A Lynne e Ivan (mis suegros) y a Elizabeth Ramsey, por ayudarme en innumerables ocasiones con los pequeños cuando necesitaba concentrarme para desarrollar/escribir/comprobar las recetas. ¡Gracias de todo corazón!

Al equipo editorial, gracias por confiar en mí y publicar el presente libro. A Lizzie Mayson, Kitty Coles, Florence Blair y Hattie Baker por dar vida a las recetas; ¡el libro es precioso y mejor de lo que hubiera imaginado jamás!

ÍNDICE

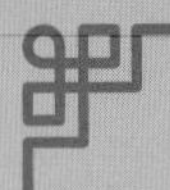

D

E

F

G

H

I

J

K

L

M

N

O

P

R

S

T

U

V

Z

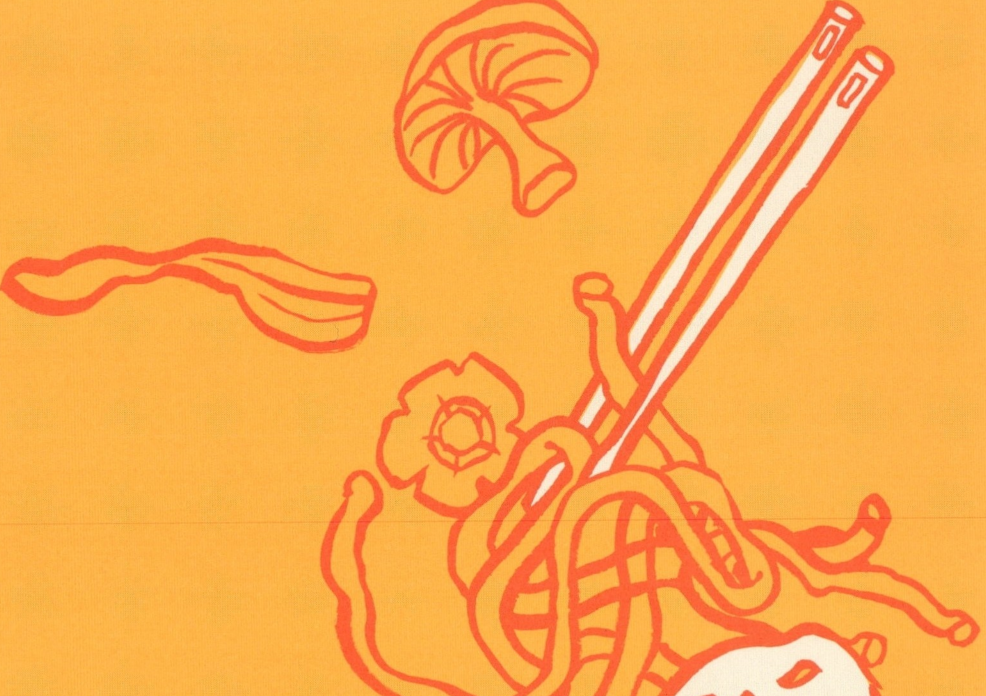

La edición original de esta obra ha sido publicada en el Reino Unido en 2022 por Hardie Grant Books, sello editorial de Hardie Grant Publishing, con el título

Simply Chinese

Traducción del inglés
Motserrat Asensio

Diagonal, 402 – 08037 Barcelona
www.cincotintas.com

Primera edición: marzo de 2023

Impreso en China
Depósito legal: B 21215-2022
Código Thema: WBA
Cocina general y recetas

ISBN 978-84-19043-15-3

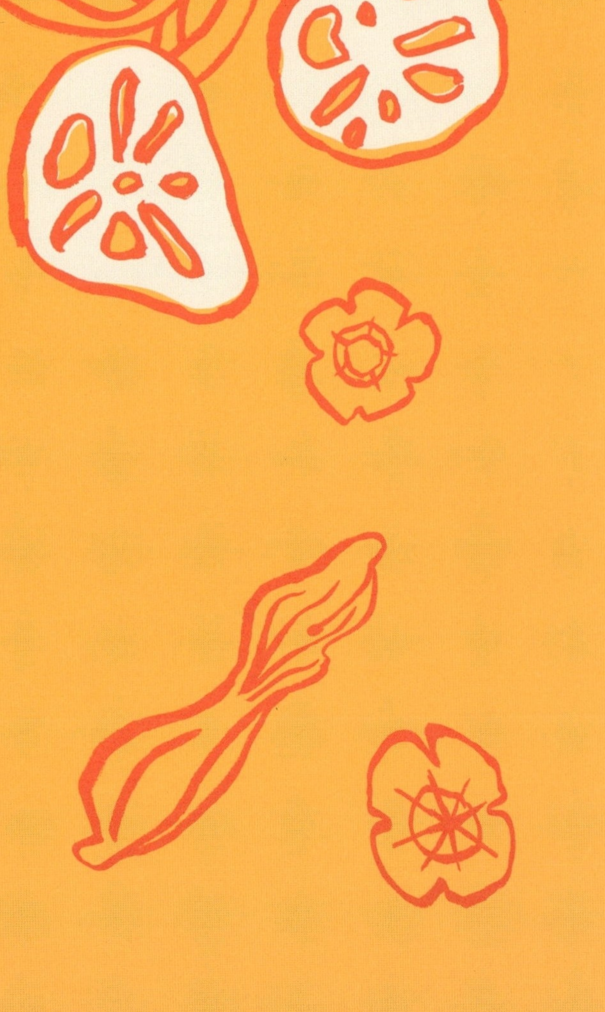